Sophie Brissaud ◆ Valérie Lhomme

Die köstliche Vielfalt der Öle

von Arganöl bis Sesamöl
mit 52 kreativen Rezepten

Text: Sophie Brissaud
Rezepte: Valérie Lhomme
Fotos: Akiko Ida
Foodstyling: Valérie Lhomme

CHRISTIAN

Inhalt

Einführung

Öle begleiten seit Jahrtausenden die Menschen in ihren rituellen wie auch profanen Handlungen. Von der Küche bis zum Getriebe, über Malerei und Medizin, Kosmetik und Duftherstellung hin zu sakralen und magischen Ritualen, erweisen sich Öle in zahlreichen Situationen unseres Lebens als wertvolle Helfer. Es gibt kaum einen Bereich, in dem sie nicht eingesetzt werden.

Die universale Essenz

Die Völker des Altertums sahen in Öl einen kostbaren Stoff, würdig genug, um für die Götter verbrannt und als Überbringer heiligster Gerüche eingesetzt zu werden. Diese Verehrung besteht bis heute und ist nicht verwunderlich: Denn außer den unzähligen Diensten, die Öl leistet, kann es die köstlichsten Aromen und die himmlischsten Düfte aufnehmen und verströmen.

Das Wort selbst erinnert an geschmeidiges, geräuschloses, weiches und flächendeckendes Fließen. Öl schwimmt an der Oberfläche, deshalb werden zum Beispiel in Frankreich wichtige Personen auch spaßeshalber »Öle« genannt. Ob sie für diese Bezeichnung Öl ins Getriebe oder aber ins Feuer gegossen haben, als ölige Typen aufgetreten sind oder die Karriereleiter wie ein geölter Blitz erklommen haben, mag individuell verschieden sein. Hauptsache, sie schwimmen oben. Öl bedeutet aber auch Arbeit und Anstrengung, denn seine Gewinnung braucht Zeit und Kraft. Träufelt man es dagegen auf ein Scharnier, bewegt dieses sich reibungsloser und geschmeidiger. Alle Völker favorisieren mindestens ein Öl oder Fett, das für Salbungen, Kosmetik, Küche und als Universalmittel schlechthin eingesetzt wird: Olivenöl im Mittelmeerraum, Oliven- und Arganöl in Marokko, Rizinus- und Sesamöl sowie geklärte Butter (Ghee) in Indien, Sesamöl in China, Shea-Butter und Palmöl in Afrika, Kokosöl in Polynesien. Öl macht geschmeidig und schützt und gilt als unverzichtbar in heißem Klima. Mit seinen bindenden und fließenden Eigenschaften ist es außerdem eine ideale Trägersubstanz. Aber es löst nicht nur Wirkstoffe und nimmt sie auf, sondern es bewahrt dabei auch die wohltuenden Eigenschaften der Substanzen, die man ihm beigibt. Bei der Massage schätzt man seine Geschmeidigkeit, mit der es sich so gut verteilen lässt; beim Kochen durchdringt und verbreitet es sich im gesamten Essen und spendet Geschmack und Aroma.

Es liegt deshalb nahe, dass es auch als Vermittler zwischen Menschen und Göttern eingesetzt wird. Das Weihen von Ölen ist so alt wie die Religionen. Kostbar, weich und verbindend, symbolisiert es das Band zwischen den Welten. Vom nützlichen zum sakralen Öl ist es nur ein Schritt. In der Antike findet dies eine Entsprechung in der Anwendung parfümierten Olivenöls als Hautschutz nach dem Bad, wobei die Reinigung des Körpers in die Reinigung der Seele überging. Wie oft heißt es in den Dichtungen Homers, dass ein Mensch, »gewaschen und mit Öl gesalbt«, Wohltaten und Erleuchtung der Götter oder Göttinnen empfing! Salbung und Heiligkeit werden eins. Der Name Christus ist eine latinisierte Form von griechisch *chrestos,* aus dem Hebräischen übersetzt von *messiach,* »der Gesalbte«. Im orthodoxen Griechenland werden Täuflinge in Wasser getaucht, dem Weihöl zugesetzt wurde, und in den Klöstern verteilt man kleine Fläschchen mit geweihtem Olivenöl an die Pilger. Heilige Ölung, letzte Ölung, geweihtes Öl, Chrisma, Myronsalbung – von der Taufe bis zum Tod wie auch bei der Krönung von Königen spielen sakrale Öle eine bedeutende Rolle.

Die kulinarische Verwendung der Öle

In den verschiedenen Epochen und Regionen der Welt wurde und wird Öl in der Küche auf unterschiedliche Art und Weise verwendet. In den Tropen oder anderen heißen Gebieten der Erde, wo man wenig Rohkost und dafür mehr sauer oder scharf eingelegte Speisen zu sich nimmt, werden Öle selten in rohem Zustand verwendet, außer das Öl von geröstetem Sesam im östlichen Asien und das Palmöl in Afrika. Sie werden meist zum Frittieren oder Braten eingesetzt. In Asien, Südamerika und Afrika bedeutet Öl frittieren; zum Teil trifft dies auch in den westlichen Ländern zu, aber hier kommt noch die Salatsauce mit dem klassischen Tandem Essig und Öl dazu.

Essig war und ist ein Nahrungsmittel zur Erhaltung der Gesundheit, verdauungsfördernd und desinfizierend. Schon lange vor der Ära des Kühlschranks war er ein viel verwendetes Konservierungsmittel, wie auch Zucker, Gewürze und Salzlaken zum Pökeln. Doch wenn Essig auch beim Würzen den Ton angab, so spielte Öl die Rolle des Geschmacksträgers: Es umhüllt die Lebensmittel, gibt Aroma und Geschmack der Würzmittel ab und verteilt sie auf diese Weise homogen im gesamten Essen.

Die reiche Palette der natürlichen Öle blieb lange Zeit so gut wie unbeachtet. Bis in die 1980er Jahre interessierte sich so gut wie niemand für sie, vielleicht vom Olivenöl abgesehen. Salatsaucen und Vinaigrettes wurden allgemein mit raffiniertem Speiseöl zubereitet, nach einer international verbreiteten Tradition, die Speisen so naturbelassen wie möglich zu verzehren und sie nicht mit starken Aromaträgern zu maskieren. Auch Olivenöl wurde nicht überall geschätzt, selbst in den Erzeugerländern nicht. Der spanische Küchenchef Ferran Adria (El Bulli) erzählt: »In Spanien hatten wir vor 20 Jahren zwar qualitativ hervorragende Zutaten, aber es gab keine moderne spanische Küche dazu. Ein guter Grillfisch oder gegrillter Spargel mit einem Hauch Olivenöl waren undenkbar. Man benutzte so gut wie nie natives Olivenöl.« Eine Wende, erklärt der Koch, trat erst mit der Mediterranisierung der spanischen Küche ein.

Seit einem Jahrzehnt hat sich die Situation hinsichtlich der Speiseöle (und der Essigsorten) gründlich gewandelt. Die breite Öffentlichkeit begann sich zunächst für Olivenöl zu begeistern, gefolgt von kaltgepressten Ölen anderer Ölsaaten. Gleichzeitig fand Balsamessig und eine Reihe weiterer Essigsorten wachsende Verbreitung. Dieses Phänomen erfasste alle westlichen Länder, inklusive Nordamerika, wo man mit Genuss das heimische Pekannuss- und das Erdnussöl wieder entdeckte.

Zu dieser Entwicklung trugen mehrere Faktoren bei: die bereits genannte Mediterranisierung der Küche; eine neue Aufgeschlossenheit für traditionelle Produkte guter Qua-

lität, die es dringend zu bewahren galt; der Wunsch, die gesättigten tierischen Fette durch die gesünderen ungesättigten pflanzlichen Öle zu ersetzen; die bessere Kenntnis
und die vermehrte Verfügbarkeit von bisher seltenen und
exotischen Ingredienzien und die allgemeine Tendenz zu
einer leichteren Küche mit Salaten und Frischeprodukten,
roh oder leicht gegart, für die ein paar Tropfen Öl als Haupt-
zutat genügen. Mit anderen Worten: Die kleine, aber feine
authentische Küche ist *en vogue* geworden.

Im Tropfen steckt das Ganze

Jedes vegetabile Öl, das ursprünglich aus Nüssen, Kernen
oder winzigen Samen stammt, erinnert an die Pflanze in
ihrer Gesamtheit, zum Beispiel an den Baum in seiner vol-
len Größe und Entfaltung – als ob durch das gewonnene
Öl das Große reduziert auf das Kleine in seiner Ganzheit
darin erhalten bliebe. Kostet man einen Tropfen Pinienkernöl, so erinnert es an die majestätische Pinie mit ihrem harzigen Duft. Ein wenig Walnussöl lässt den Walnussbaum
vor dem inneren Auge erstehen, dunkel und gewichtig, einsam stehend mit seiner im Wind rauschenden Krone, in-
mitten einer Wiese oder am Rand der Straße. Ein Tropfen
Olivenöl wiederum lässt an das silbrige Meer in der Nähe
hügeliger blühender Olivenhaine denken. Die Vegetation
schenkt dem Menschen so manchen Teil ihrer selbst, aber
Öl scheint alles auf einmal zu enthalten: Mandelöl erinnert
an den Geschmack reifer gerösteter Mandeln, aber auch an
den von Butter und an die Reinheit frischer, junger Mandeln
bis hin zum Duft der weißen Mandelblüte. Walnussöl enthält den bitteren Geschmack der grünen Schale, die herbe
Substanz des Holzes und lässt an das kühle Rauschen des
ledrigen Laubs denken. Das Erkunden der verschiedenen
Ölsorten ist wie eine Initiationsreise zu den Pflanzen, die

sie hervorbringen, den Böden, die sie wachsen lassen, den
Menschen, die sie gewinnen und den tausend und einer
Geschichten und Legenden, die sich um sie ranken.

Öle und Gesundheit: die Fettsäuren

Die therapeutischen und diätischen Eigenschaften nativer
Öle sind seit langem bekannt: Im Mittelmeerraum ist Olivenöl seit Jahrtausenden ein geschätztes Universalmittel.
Im ländlichen Frankreich genießt Walnussöl als vitalisie-
rendes Mittel seit jeher einen ähnlichen Ruf. In Asien verehrt man Sesamöl für seine wohltuende Wirkung. Öle sind
nicht nur reich an Vitamin E (Tocopherol), aufgrund seiner
hervorragenden Wirkung gegen Freie Radikale auch bekannt als »Anti-Aging-Vitamin«, sondern profilieren sich
auch als wertvolle Quelle ungesättigter Fettsäuren – seien
sie nun einfach ungesättigt, wie im Oliven- oder Sonnenblumenöl, oder mehrfach ungesättigt, zu denen die essenziellen Fettsäuren zählen, wie im Walnuss-, Pinienkern-
oder Sesamöl.

Feine Küche und Verkostung

Es gibt einen kulinarischen Grundsatz, jede einzelne Zutat
zunächst getrennt zu verkosten, um ihren Eigengeschmack
zu ermitteln. Diese Regel gilt im besonderen auch für die
Öle. Das Olivenöl bildet hier den Vorreiter für erste offiziel-
le Verkostungen, denn eine strenge europäische Richtlinie
verpflichtet inzwischen die Ölbauern zu gewährleisten,
dass ihre Produkte mit den gesetzlichen Vorschriften über-
einstimmen. Dazu wurden Verkostungstechniken entwickelt, die sich auch auf jedes andere native Öl anwenden
lassen. Die Verkostung erfolgt nach bestimmten Abläufen
und genauen Kriterien. Sie ist Fachleuten vorbehalten, genau wie bei Weinproben. Doch kann sich jeder im Verkos-

ten üben. Denn ein solches Training verfeinert das Geschmacksempfinden. Wer sich darauf einlässt, stellt fest, dass er mit der Zeit sehr vielschichtige Aromen differenzieren kann. Abgesehen davon, wird man mit der Zeit zu einem versierten wie anspruchsvollen Verbraucher.

Die richtige Ölprobe

Geschmack ist ein einfacheres Phänomen, als es zunächst den Anschein hat. Die Papillen an der Zunge schmecken vier Unterschiede: bitter, süß, salzig, sauer. Zu ihrer Wahrnehmung hat die Zunge bestimmte in konzentrischen Kreisen angeordnete Zonen: Der Zungenrand schmeckt das Bittere, die nächstgelegene Zone das Süße, gefolgt von salzig und sauer. Die ayurvedische Ernährungslehre vertieft diese Analyse und fügt zwei weitere Geschmacksprinzipien hinzu: scharf (Chili, Ingwer) und zusammenziehend (Schlehe, Brombeere, grüne Banane). Nach dieser Ernährungslehre ist eine Mahlzeit erst ausgewogen, wenn sie alle sechs Geschmacksrichtungen enthält. Dennoch scheint die Palette der Geschmacksempfindungen weitaus breiter zu sein. Das ist aber eher der Nase als der Zunge zu danken. Der Geruchssinn ist subtiler und komplexer als der Geschmackssinn. Er empfängt die Dämpfe des verkosteten Nahrungsmittels und spricht darauf umfassend und differenziert an. Während die Zunge das Grobe der Geschmacksanalyse erledigt, ist die Nase für die Feinheiten, den Genuss, die nuancierte Abwägung zuständig, die den eigentlichen Feinschmecker ausmachen.

Bei einer Verkostung sind so gut wie alle Sinne beteiligt. Geschmacks- und Geruchssinn, aber auch der Tastsinn (die Geschmeidigkeit des Öls) und das Auge (Farbe). Saubere Utensilien sind dabei unerlässlich. Bei einer professionellen Olivenölverkostung werden spezielle nach unten brei-

ter ausgeformte bläuliche Gläser verwendet, um sich von der Farbe des Öls nicht beeinflussen zu lassen. Zu Hause genügt ein Esslöffel oder ein Glas mit rundem Boden.

Für eine gute Ölprobe schaut man sich das Öl erst einmal an, seine Farbe, seinen Glanz, seine Transparenz oder seine eventuelle Trübung. Fließfähigkeit und Geschmeidigkeit werden begutachtet. Es folgt die Nase, die die Aromen ausgiebig beschnuppert und aufnimmt. Man saugt dann schlürfend ein wenig Öl in den Mund, um es besser zu belüften und dem Geschmackssinn die notwendige Wahrnehmungszeit zu geben, bevor das Öl mit bedächtigen Kaubewegungen im Mund bewegt wird. Dabei ebenso langsam Luft ansaugen, um die Dämpfe der Nase zuzuführen!

Die erste Verkostungsphase besteht aus der Beschreibung der grundlegenden Geschmacksrichtungen: bitter, scharf, brennend, zusammenziehend, Intensität, Mandel- oder Artischockengeschmack usw. Die zweite Phase ist subjektiver und betrifft die Qualität und insbesondere den Genuss, die auftretenden sekundären Geschmacksnuancen, die unmittelbaren Eindrücke in der Mundmitte, im Gaumen, Kürze, Länge. Es ist besser, die kleine Ölprobe dann zu schlucken, denn weitere Geschmackseindrücke sind im hinteren Gaumen zu erwarten, die mehr oder weniger lange nachwirken. Um den Mund für die nächste Probe vorzubereiten, kann man etwas Brot bzw. ein Stück Apfel essen oder ihn mit Wasser ausspülen.

Eine letzte Bemerkung: Es stimmt, dass die Verkostung von Öl einer Weinprobe ähnelt. Doch sind die beiden Proben in ihrer Art grundlegend verschieden. Wein genügt sich selbst; auch wenn man ihn begleitend zu einer Mahlzeit trinkt, wird er doch nie mit ihr vermischt. Öle dagegen werden immer beigemischt, im Verbund mit anderen Lebensmitteln verwendet. So kann eine nur aus Olivenöl bestehende Verkostung im Geschmack unangenehm sein (brennend, bitter, zusammenziehend) und sich als Bestandteil einer Speise von hervorragender Qualität erweisen. Eine Ölverkostung ist demnach aufschlussreich, aber erst in der Anwendung der Öle ergibt sich ein vollständiges Bild ihres Potenzials.

Hinweise zur Verwendung

Für das Frittieren, das Verdünnen von intensiver schmeckenden Ölen und für bestimmte Salate müssen geschmacksneutrale Öle, raffiniert oder naturbelassen, verwendet werden. Zu empfehlen ist hierfür Traubenkernöl oder raffiniertes Erdnussöl, die beide überdies eine hervorragende Hitzebeständigkeit aufweisen. An nativen und Würzölen kann man sich eine kleine Sammlung anlegen, wobei man nur kleine Mengen beschaffen und sie lieber öfter nachkaufen sollte, damit sie bei zu langer Lagerung nicht ranzig werden – abgesehen vom Oliven- und vom Arganöl, die relativ lange haltbar sind. Ideal ist, außer einem neutralen und einem Olivenöl noch andere Pflanzenöle zur Verfügung zu haben und sie je nach Laune und Inspiration abwechselnd zu verwenden. Wenn die Küche französisch und klassisch ist, werden Oliven-, Raps-, Hasel- und Walnussöl vorherrschen. Ist sie asiatisch, sind Sesam- und Erdnussöl angesagt. Die marokkanische Küche erfordert Oliven- und Arganöl. Mediterranes Flair zaubert man mit Oliven-, Mandel-, Argan-, Sesam- (geröstet) oder Pistazienöl. In der indischen Küche kommen Senföl, Sesamöl (ungeröstet) und geklärte Butter (Ghee) zum Einsatz, in der afrikanischen Erdnuss- oder Palmöl, während das Öl der Pekannuss an Amerika erinnert.

Öle sollten an einem trockenen, kühlen und dunklen Ort aufbewahrt werden. Zu viel Licht und Wärme verändern sie. Ölflaschen und -karaffen müssen stets sauber sein und nach jeder Benutzung mit saugfähigem Küchenpapier ausgewischt werden. Neben ihrer kulinarischen Bedeutung werden Öle häufig auch als Heilmittel eingesetzt. Man denke nur an ihre Rolle in der Wundheilung, in der Behandlung von Hautproblemen jeder Art, bei Gesichts- und Körperpflege und Massagen. Außerdem dienen sie als Grundstoff für Mischungen mit ätherischen Ölen.

»Als Südeuropäer haben wir natürlich eine Vorliebe für Olivenöl. Insbesondere aus der mediterranen Küche ist es nicht mehr wegzudenken. Es ist ein ganz eigenständiges Produkt, lebendig und sehr individuell im Geschmack: fruchtig, bitter, feinaromatisch, vielschichtig, lieblich ... Wie beim Wein kann Aroma, Geschmack und Farbe zur Bestimmung seiner Herkunft, des Bodens, ja fast der Ölmühle dienen, in der es gepresst wurde. In unserer Region des Languedoc findet man besondere Oliven mit klingenden Namen wie *la lucques, la rougette de Pignan, la verdale* ... Zu jedem Öl passt eine eigene Verwendung: die feineren für Fisch, die eher bitteren für Salate, die weniger ausdrucksvollen zum Kochen.

Manchmal nehmen wir Öl aus geröstetem Raps zum Abrunden eines Salats oder einer Sauce. Wir mögen den intensiven Röstgeschmack, man braucht nur ein paar Tropfen davon, um den gewünschten Effekt zu erzielen. Dagegen ist das hoch aromatische Walnussöl leicht zu verwenden, beispielsweise in Salaten, Pilzsaucen oder zu einer Gänseleberpastete. Sehr gern benützen wir auch das oft noch unbekannte Öl aus geröstetem Sesam. Wir nehmen es häufig für asiatische Gerichte. Mit Reisessig zusammen ergibt es einen exotischen Geschmack, der gut zu rohem Fisch, Schaltieren und Muscheln passt.

Auch Traubenkernöl ist praktisch, nicht so schwer wie Erdnussöl oder Sonnenblumenöl und gesünder. Unter den neutralen Ölen nehmen wir am liebsten das raffinierte Rapsöl, mit dem wir die intensiver schmeckenden Öle abmildern können. Wir benützen es auch für Würzöle (Trüffel- oder Basilikumöl).«

Jacques et Laurent Pourcel, *Le Jardin des Sens* (Montpellier), *La Compagnie des Comptoirs* (Montpellier, Avignon et La Grande-Motte), *Sens et Saveurs* (Tokyo), *La Maison Blanche* (Paris).

Cookies und anderes Kleingebäck jenseits des Atlantiks haben die Pekannuss auch in Europa bekannt gemacht. Von den Ufern des Mississippi stammend, ist sie eines der Wahrzeichen der amerikanischen Südstaaten. Für die Indianer war der Pekannussbaum heilig. Er liefert hartes Holz und köstliche, nahrhafte Nüsse, aus denen ein feines Öl gewonnen wird – reichhaltig, warm und eine Entdeckung wert.

Pekannussöl

Zeichen der Macht

Vor dem 16. Jahrhundert hatte noch nie ein Europäer etwas von einer Pekannuss oder einem Pekannussbaum gehört. Und selbst bis heute kennen ihn nur relativ wenige. Wenn man bedenkt, wie viele andere Pflanzen aus der Neuen Welt sich seit langem weltweit akklimatisiert haben, ist die Verbreitung des Pekannussbaums ziemlich neu. Nicht, dass er nur in seiner amerikanischen Heimat gedeihen würde. In Australien erntet man die Pekannuss seit 1960 und in Israel seit den 1970er Jahren. Aber nur in Amerika ist er ein nationales Symbol und sogar das Wahrzeichen des Bundesstaates Texas. Die Fossilien, die dort und im Norden Mexikos genau an den Stellen gefunden wurden, wo auch heute noch riesige Pekannussbäume die Wasserläufe säumen, zeugen davon, wie lange er in diesen Gebieten schon heimisch ist. Die Indianer verehrten den Pekannussbaum. In Legenden werden ihm Kraft und Weisheit zugesprochen. Archäologische Funde haben gezeigt, dass die ersten Nomadenstämme des unteren Mississippibeckens ihre Wanderungen dem Vorkommen der Pekannussbäume anpassten: Die ausgegrabenen Lager waren immer in der Nähe der größten Pekannussbestände zu finden.

Die Spanier Lope de Oviedo und Cabeza de Vaca, die an einem Eroberungszug im Golf von Mexiko teilnamen, waren die ersten Europäer, die den Pekannussbaum zu Gesicht bekamen und beschrieben. Vom »Fluss der Nüsse«, der heutigen Guadalupe, schrieb Lope de Oviedo im Jahr 1533: »An seinen Ufern findet man sehr viele Nüsse, die die Indianer zur Erntezeit essen. Sie kommen

etwa 20 oder 30 Meilen weit her, um sie zu suchen.« Ende des 17. Jahrhunderts bestätigt Juan Sa-
baeta: »Die Pekannusshaine sind Orte, an denen sich im Winter alle Indianerstämme aus dem Osten von Texas und Lousiana versammeln. Die spanischen Siedler, die das Land für Viehzucht und
Ackerbau roden, sind offensichtlich bestrebt, die großen Pekannussbäume stehen zu lassen und
lieber andere Baumarten dafür abzuholzen. Sie haben nicht lange gebraucht, um herauszubekom-
men, welchen Wert die Pekannuss, aber auch das gewaltige schattenspendende Laub des Baumes
für ihr Vieh hat.« Im 18. Jahrhundert lernten die am Ufer des Mississippi gelandeten französischen
Siedler von den Indianern, Pekannüsse zu Mehl und zu einer nahrhaften Speise zu verarbeiten. 1704
beschreibt der Schiffszimmermann Jean Pénicaut diese »daumengroßen Nüsse«, die er als »die aller-
besten« bezeichnet. Ihm wird zugeschrieben, als erster das Wort *pacane* benutzt zu haben. Es wurde direkt aus dem Algonkin entlehnt. Die französischsprachigen Einwohner Lousianas verwenden
es heute noch.

Mit der Besiedlung Nordamerikas durch die Europäer breitete sich auch der Anbau der Pekannuss
aus, die ursprünglich an Flüssen und Wasserläufen zu finden war. Ab 1711 wurde ihr Anbau syste-
matisch betrieben, als Erstes von den Franziskanern in Nordmexiko. Schon 1760 gab es sie zahlreich
in öffentlichen Gärten, die die Siedler überall an der texanischen Küste anlegten. Ende des 18. Jahrhunderts war der Baum in allen englischsprachigen Südstaaten verbreitet. New Orleans wurde zur
Drehscheibe des Pekannusshandels mit den übrigen Vereinigten Staaten und Übersee. Zu dieser
Zeit machten die mit Pekannüssen hergestellten Pralinen und Süßwaren aus den Südstaaten bereits Furore. Der berühmte *pecan pie,* ein mit
Pekannüssen belegter und mit dickem braunem
Zuckersirup oder Melasse überzogener Rührku-
chen, stammt wohl aus dieser Zeit.

1847 gelang es dem schwarzen Gärtner Antoine,
Sklave der Oak-Alley-Plantage in Lousiana, den
Pekannussbaum zu veredeln und eine verbes-
serte, *Centennial* genannte Sorte zu züchten. Ob-
wohl seine Baumzucht den Verwüstungen des
Sezessionskrieges zum Opfer fiel, wurde seine
Methode nach dem Krieg mit Eifer wieder aufge-
nommen. Da der wilde Pekannussbaum selten
geworden war, erzielte man mit Nüssen bessere
Preise als mit Baumwolle. Große kommerzielle

Cabeza de Vaca

Im Jahr 1528 reiste Àlvar Nunez Cabeza de Vaca als Schatzmeister der Expedition
des Konquisitadoren Pánfilo de Narváez per Schiff durch den Golf von Mexiko, da
der Eroberer Florida für die spanische Krone gewinnen wollte. »Florida« war damals die gesamte Küste des Golfs von Mexiko. Doch anstatt zu erobern, erlitt Narváez Schiffbruch an der heutigen Halbinsel Galveston (Texas), den nur vier Männer überlebten. Diese vier stießen auf den nun folgenden Irrwegen landeinwärts
auf Indianerstämme, die sie teils abweisend, teils freundlich empfingen. Von 1529
bis 1535 entwickelt Cabeza de Vaca zahlreiche Talente: Arzt, Chirurg, Ethnologe,
Historiker, Naturforscher, Händler. Als Gast eines Stammes am »Fluss der Nüsse«
(Guadalupe) studierte er die Bäume und ihre Nutzung durch die Indianer. Diese,
so beobachtete er, begaben sich alle zwei Jahre (aufgrund der zweijährigen Fruchtbildung) zu den großen Pekannussbäumen, um dort die Wintermonate über ausschließlich von Nüssen zu leben: »Vier ganze Monate lang ist dies ihre einzige Nahrung, ohne andere Lebensmittel.« Er bemerkte zudem, dass die Indianer trotz
dieser einseitigen Ernährung stark, schön und widerstandsfähig waren.

Das Vermächtnis des Gouverneurs

1906 liegt der texanische Gouverneur James Hogg im Sterben. Seine Familie versammelt sich um das Totenbett. »Ich wünsche weder Grabmal noch Gedenkstein«, sagt er, »sondern ein einfaches Grab. An das Grabende sollt ihr einen Pekannussbaum pflanzen; alle Nüsse, die er trägt, sollen unter den Armen von Texas verteilt werden.« Jahrelang wurden die Nüsse dem gegeben, der sie holen kam. Manche pflanzten sie in die Erde und begannen damit einen landwirtschaftlichen Betrieb. Auch heute noch gehen in Texas viele Pekannusshaine auf den letzten Willen des Gouverneurs Hogg zurück.

Der Pekannussbaum in Europa

Der größte Baum des botanischen Gartens von Straßburg ist ein Pekannussbaum. Das elsässische Klima bekommt ihm nicht besonders gut, denn er hat noch nie Früchte getragen. Mit 100 Jahren und 40 Meter Höhe ist er immer noch nicht ausgewachsen. Das bedeutet aber nicht, dass der Pekannussbaum in Europa nur schlecht gedeiht. Wächst er zum Beispiel im warmen Klima Südfrankreichs, trägt er Früchte. Bereits 1914 wurde der Pekannussbaum im Versuchsgarten der Stadt Rabat in Marokko kultiviert. Seither hat er sich auch in Nordafrika erfolgreich verbreitet.

Pekannussplantagen wurden daraufhin in Texas, Alabama und Lousiana und in den übrigen Südstaaten bis in den Westen hinein angelegt. Bis heute hat der in jeder Hinsicht profitable Anbau in den Vereinigten Staaten und in der restlichen Welt noch nicht seinen Höhepunkt erreicht.

Der Herr des Mississippi

Aus botanischer Sicht ist der Pekannussbaum mit unserem Echten Walnussbaum verwandt, mit dem er auch äußerlich sehr viel Ähnlichkeit hat. Die lateinische Bezeichnung des Pekannussbaums war lange Zeit *Hicoria pecan*, bis er Ende des 17. Jahrhunderts in *Carya illinoensis* oder *Carya olivaeformis* umbenannt wurde. *Hicoria* bezieht sich auf die botanische Verwandtschaft der als Hickory bezeichneten Harthölzer, die alle amerikanischen Nussbaumarten umfasst. *Carya*, der neue Name der Hickoryarten, und damit auch des Pekannussbaums, ist aber nichts anderes als die veraltete Bezeichnung des Echten Walnussbaums. Dieser wiederum erhielt die Bezeichnung *juglans*. Um das botanische Verwirrspiel auf einen Nenner zu bringen, genügt es zu wissen, dass alle diese Bäume diesseits und jenseits des Atlantiks zur Familie der *Juglandazeen*, der Walnussgewächse, gehören. Was das *illinoensis* angeht, so ist dieser Beiname den Trappern der Ostküste der Vereinigten Staaten zu verdanken, die mit ihren Fellladungen auch Pekannüsse aus Illinois mitbrachten und sie dementsprechend Illinois-Nüsse nannten. Das Wort *pecan* stammt aus dem Indianischen (Algonkin) *paccan* oder *pakan*, womit jede Nuss bezeichnet wird, »die man mit einem Stein aufbrechen muss«. Das mag erstaunen, denn die Schale der Pekannuss ist nicht sonderlich hart. Doch die Indianer bezeichneten auch andere Früchte heimischer Nussbaumarten mit diesem Namen, die bedeutend härtere Schalen haben. Die zweite botanische Bezeichnung, *olivaeformis*, spielt auf die Form der reifen Pekannuss an, die der einer großen grünen Olive gleicht.

Der Baum selbst ist außergewöhnlich majestätisch. Der Echte Walnussbaum, ursprünglich in Asien beheimatet, ist bereits prächtig in seiner Art: hartes Holz, mächtige Krone, lange Lebensdauer. Sein amerikanischer Vetter aber scheint das alles noch zu überbieten. Ausgewachsen wird er leicht über 30 Meter hoch, manche jahrhundertealte Bäume erreichen sogar 60 Meter Höhe mit einem dicken, umfangreichen Stamm. An den Ufern des Mississippi beheimatet, zeichnet sich der Pekannussbaum

Indianerlegende

Das Gebiet der Caddos-Indianer erstreckte sich über das heutige Arkansas, Lousiana, den Osten von Texas und Oklahoma. Diese Indianer liebten den Pekannussbaum, was sich in zahlreichen Legenden widerspiegelt. Im Märchen der zwei Brüder hat ein Medizinmann Zwillingssöhne. Er zieht einen davon mit seiner Frau am Ufer des Flusses auf, während der andere lieber im Wald lebt. Eines Tages wird die Frau von einem Ungeheuer geraubt. Die beiden jungen Männer gehen auf die Suche nach ihr. Derjenige der Brüder, der im Wald lebt, gibt seinem Bruder vom Fluss zwei Pekannüsse. Sobald sie in den Boden eingepflanzt sind, entstehen daraus zwei riesige Pekannussbäume. Die Brüder müssen nur in ihr Geäst klettern, um in die andere Welt vorzudringen und Kraft und Weisheit zu erlangen. Damit gelingt es den Brüdern, ihre Mutter wieder zu finden und das Ungeheuer zu besiegen. Alle drei kehren zum Fluss zurück, wo sie fortan ein friedliches Leben führen.

durch seinen enormen Wasserbedarf aus. Er passt damit besonders gut in die Feuchtgebiete der Südstaaten. Seine harte, in jungen Jahren grau gefärbte Rinde wird mit der Zeit rotbraun und ist von feinen, harten Rissen durchzogen. Die Blätter mit 11 bis 17 spitzen Fiederblättchen strömen einen unangenehmen Geruch aus, wenn man sie zerreibt. Wie der Echte Walnussbaum ist auch der Pekannussbaum einhäusig: Männliche und weibliche Blüten wachsen auf demselben Baum. Die Frucht, die der Baum erst mit etwa 20 Jahren hervorbringt, ist eine grüne, längliche, einer großen grünen Olive ähnelnde Steinfrucht, deren Außenschale bei der Reife in vier Klappen aufplatzt und die eigentliche Pekannuss freigibt. Die fahlrote Nuss ist eiförmig und glatt, mit einer mehr oder weniger deutlichen Mittelnaht. Sie verläuft spitz und ist durch den Abdruck der Außenhülle schwarz geädert. Diese Äderung verschwindet nach einigen Monaten und ist daher beim Kauf ein Frischezeichen, wenn man Nüsse in der Schale kauft. Die Nussschale selbst ist eher leicht zu knacken. Ihre Härte hängt von der jeweiligen Sorte ab. Der Nusskern füllt die Schale fast gänzlich aus. Er besteht aus zwei fleischigen, länglichen Hälften, die weniger tiefe Rundungen haben als die Walnuss, und ist von einer feinen, essbaren Haut umgeben. Sein Fleisch ist weiß, fest, schmackhaft und sehr fetthaltig.

Lebensraum und Anbau

Die Unterscheidung zwischen dem wild wachsenden und dem vom Menschen gepflanzten und verbreiteten Pekannussbaum ist nicht immer einfach. Es ist daher schwierig, sein natürliches Verbreitungsgebiet exakt zu bestimmen. Von seiner Urheimat aus, dem unteren, zu Lousiana und dem Osten von Texas gehörenden Mississippibecken, verbreitete er sich zunächst im Norden Mexikos über den tiefen Süden der USA hinaus: Er drang in mehrere Staaten des Mittleren Westens mit gemäßigtem Klima vor – Indiana, Iowa, Illinois. Unter den heute tausend verschiedenen Arten finden sich sogar Sorten, die so robust sind, dass sie im rauen Klima Kanadas gedeihen. Hier die Rangfolge der Pekannuss-Erzeugerstaaten: Georgia, Texas, New Mexico, Oklahoma, Arizona, Lousiana, Alabama, Mississippi, Arkansas, Florida, Kalifornien, North und South Carolina, Missouri, Tennessee, Kentucky, Virginia, Illinois, Utah, Indiana, Nevada, Iowa, Nebraska. In den Vereinigten Staaten belegt die Pekannuss die größte Anbaufläche unter den Ölsaaten: 20 000 bewirtschaftete Plantagen erzeugen 80 % der Weltproduktion.

Von der Pekannuss gibt es inzwischen sehr viele Sorten: kleine oder große Nüsse, helle oder dunkle, mit harter oder feiner Schale, rustikal, fein, wärmeliebend, kälteresistent, für trockene oder feuchte Böden ... Die bewährten Sorten, wie die *Centennial, Stuart* oder *Desirable,* werden immer noch angebaut. 1930 hat das Landwirtschaftsministerium der Vereinigten Staaten (USDA) in Texas 21 Versuchsstationen gegründet, um die Sortenvielfalt des Pekannussbaums zu schützen und zu fördern.

Der Wachstumszyklus des Pekannussbaums kann den Landwirt allerdings vor manche Probleme stellen. Wenn der Baum nach dem Laubfall nicht genügend Nährstoffe findet, bringt er nur alle zwei Jahre Nüsse hervor. Sie werden von Mitte Oktober bis Ende Dezember geerntet. Wie bei der Walnussernte muss der Boden flach, grasbewachsen und so schmutzfrei wie möglich sein. Die Nüsse werden mechanisch geschüttelt und in Reihen zusammengerecht, damit die Sammelmaschine sie besser aufnehmen kann. Dann wird die Außenhülle entfernt, und die Nüsse werden getrocknet, sortiert und in neun Kategorien (je nach Größe) kalibriert, ganz gleich ob sie mit oder ohne Schale verkauft werden. Die Nüsse mit Schale werden zum Sterilisieren kurz mit kochendem Wasser überbrüht. Wird die Schale entfernt, werden die Nusskerne erneut in ganze und zerbrochene Nusskerne sortiert und bei Bedarf erneut kalibriert.

Die Pekannuss wird aufgrund ihres hohen Fettgehalts noch schneller ranzig als die Walnuss, besonders in feuchter Umgebung. Es empfiehlt sich daher, die Nüsse stets mit Schale zu kaufen. An einem trockenen kühlen Ort können sie bis zu einem Jahr gelagert werden. Auch Pekannussöl ist sehr empfindlich. Eine 50-Zentiliter-Flasche sollte innerhalb von drei Monaten verbraucht werden.

Pekannuss »light«

Vier Gartenbauexperten der Universität Oklahoma untersuchten die Möglichkeit, das Öl aus den Nusskernen zu extrahieren, ohne sie dabei zu beschädigen. Sie sollten dadurch haltbarer gemacht und noch besser exportiert werden können. Die Forscher entschieden sich für die Karbondioxyd-Methode, die bereits zur Extrahierung der in der Aromatherapie verwendeten ätherischen Öle eingesetzt wurde. Dabei wird das Karbondioxyd zunächst unter Hochdruck verflüssigt und seine Temperatur auf 31 °C gesenkt. Dann werden die Nusskerne hinzugefügt. Ihr Öl vermischt sich mit dem flüssigen Karbondioxyd. Damit aber nur das Öl zurückbleibt, wird das Karbondioxyd wieder in seinen gasförmigen Zustand zurückgeführt. Die nunmehr entölten Nusskerne bleiben dabei äußerlich unverändert.

Therapeutische Wirkungen und Anwendungen

Die Pekannuss enthält durchschnittlich 70 % Öl. Die Zusammensetzung der Fettsäuren unterscheidet sich erheblich von denen der Walnuss: Der Anteil an mehrfach ungesättigten Fettsäuren ist geringer (37 % Linolsäure, 2 % Linolensäure), der Anteil der einfach ungesättigten Fettsäuren liegt bei 50 %. Es ist also ein sehr ausgewogenes Öl. Neben Vitamin E enthält es Vitamin B1, Zink, Magnesium und Selen. Zink unterstützt die Zellerneuerung und generell das Immunsystem. Wie alle anderen kaltgepressten Öle reguliert das Öl der Pekannuss den Cholesterinspiegel im Blut und die Vitamin- und Fettsäurenversorgung zum Schutz gegen Alterserscheinungen.

Aroma und Geschmack

Beim Verkosten von Pekannussöl fällt als erstes seine Milde auf, an Walnussöl erinnernd, aber ohne dessen leicht herbe, bittere Note. Es ist eher dickflüssig, abgerundet und geschmeidig; ziemlich schnell erscheinen Noten von frischem Brot, Milchkaramell, Koriander und Orangenschalen. Das delikate, empfindliche Öl harmoniert gut mit fruchtigen Geschmacksnoten ohne allzu viel Säure.

Pekannussöl kulinarisch

Der Geschmack des Pekannussöls ist mit keinem anderen bekannten Öl zu vergleichen. Milder als Haselnuss- oder Walnussöl, intensiver als Mandelöl, muss man sich für seine Verwendung in der Küche etwas einfallen lassen. Vor allem passt es zu den Gerichten seiner Heimat, den Küchen der Südstaaten und des Westens der Vereinigten Staaten. Es harmoniert hervorragend mit jeglicher Sorte Reis (weiß, rot, braun, wild, sogar Basmati) und nach alter Indianertradition mit Mais (Polenta, Tortillas, Maiskörner), der die natürlichen Aromen der Pekannuss besonders zur Entfaltung bringt. Wie das Walnussöl eignet es sich auch für süße Backwaren, zur Herstellung von Kuchenböden und Rührkuchen. Bei den Gemüsen korrespondiert es besonders gut mit Brokkoli, grünen Bohnen, Karotten und vor allem Pilzen. Auch zu Käse passt es gut.

Rührkuchen mit Pekannussöl

Für 4–6 Personen
Zubereitung 15 Minuten
Backzeit 30–35 Minuten

1 kleiner Joghurt im Glas (125 ml) • 1/2 Joghurtglas Pistazien, ungesalzen • 2 Joghurtgläser brauner Zucker • 1/2 Tüte Backpulver • 2 1/2 Joghurtgläser Weizenmehl • 3 Eier • 1/2 Joghurtglas Pekannussöl

◊ Den Joghurt in eine Schüssel geben und das Glas spülen und abtrocknen, da es zum Abmessen der weiteren Zutaten dient.

◊ Den Backofen auf 180 °C vorheizen.

◊ Die Pistazien im Mixer fein zerkleinern. Mehl und Backpulver mischen, über den Joghurt sieben, braunen Zucker und Pistazien dazugeben und alles gründlich verrühren. Die Eier nacheinander aufschlagen und in den Teig einrühren. Das Pekannussöl nach und nach in einem feinen Strahl einlaufen lassen und weiterrühren, bis ein glatter Teig entsteht.

◊ Den Teig in eine antihaftbeschichtete oder gefettete Kastenform füllen und im Backofen 30 – 35 Minuten backen. Den fertigen Kuchen aus der Form stürzen und auf einem Kuchengitter abkühlen lassen.

Rezept von Laurence Perceval-Hermet, *Les Deux Abbesses,*
Saint-Arcons-d'Allier

Rohkost mit
Parmesan und Pekannussöl

Für 4 Personen
Zubereitung 15 Minuten

2 Äpfel der Sorte Granny Smith • 2 Äpfel der Sorte Reinette
oder Cox Orange • 1 Fenchelknolle • 1 Stängel Bleichsellerie •
2 EL Apfelessig • 50 g Akazienhonig • 4 EL Pekannussöl • Salz
und Pfeffer aus der Mühle • 50 g Parmesan

♦ Die Äpfel schälen und in Viertel schneiden, das Kern-
haus entfernen und die Apfelviertel in Stifte schneiden.
Den Fenchel waschen, Fenchelgrün und Stängelansatz
entfernen und die Knolle grob raspeln. Bleichsellerie
waschen und in kleine Würfel schneiden.

♦ In einer Schale Essig und Honig gründlich verrühren,
das Pekannussöl dazugeben, mit dem Schneebesen
cremig rühren, salzen und pfeffern.

♦ Das klein geschnittene Obst und Gemüse in eine Salatschüssel geben, mit der Salatsauce übergießen und
gründlich mischen. Mit Pfeffer aus der Mühle und grob
geriebenem Parmesan bestreuen und servieren.

Tipp

Sie können dem kleinen Rohkostsalat auch etwas geriebene
provenzalische *Boutargue* beigeben. Das sind getrocknete
und als flache Wurst gepresste Rogen der Meeräsche, die in
Wachs konserviert werden. Man findet sie in guten Fischge-
schäften.

Für eine pikantere Vinaigrette nehmen Sie statt dem milden
Akazienhonig eher den herben Kastanienhonig.

Jakobsmuscheln auf Rosen- und Avocadoblättern mit Pekannussöl

Für 4 Personen
Zubereitung 20 Minuten

12 Jakobsmuscheln • 1 Limette • 1 schnittfeste Avocado •
Salzblüte und Piment • 2 EL Pekannussöl • Rosenblätter

◗ Die Jakobsmuscheln aus der Schale lösen (oder den Fischhändler darum bitten und sich auch die Fransen, Bärte und Weichteile geben lassen). Das Muschelfleisch einzeln abwaschen und mit Küchenpapier trockentupfen. Der Dicke nach in je drei Scheiben schneiden. Die Limette auspressen.

◗ Die Avocado schälen, den Stein entfernen und das Fruchtfleisch in dünne Scheiben schneiden. Avocadoscheiben sofort in Limettensaft wenden, damit sie sich an der Luft nicht braun färben.

◗ Auf jeden Teller abwechselnd Avocado- und Jakobsmuschelscheiben rosettenartig anordnen und mit dem übrigen Limettensaft beträufeln.

◗ Salzblüte und Piment über die Jakobsmuscheln und Avocadoscheiben streuen und mit ein paar Tropfen Pekannussöl beträufeln. Nach Möglichkeit mit Rosenblättern aus dem Garten garnieren und servieren.

 Tipp

Jakobsmuscheln sind fein und delikat und brauchen nicht mariniert zu werden. Es genügt vollkommen, sie kurz vor dem Verzehr leicht zu würzen.

Die Saison der Jakobsmuscheln ist das Winterhalbjahr. Kaufen Sie sie in der Schale, und drücken Sie darauf, um zu sehen, ob die Muscheln frisch sind. Die Muschelschale muss sich sofort schließen. Wenn Sie die Jakobsmuscheln nicht gleich verbrauchen, sollten Sie sie aus der Schale lösen und mit Folie bedeckt im Kühlschrank aufbewahren. Werfen Sie Fransen, Bärte und Weichteile nicht weg, denn, gründlich gewaschen und vom Sand befreit, eignen sie sich zusammen mit ein paar Gewürzen und einem Kräuterstrauß perfekt für eine Brühe (siehe Seite 87). Der orangefarbene Rogen schmeckt kurz in etwas Butter oder Öl gebraten hervorragend. Außerhalb der Saison sind Jakobsmuscheln inzwischen auch tiefgefroren in gut sortierten Supermärkten erhältlich.

Der Arganbaum wächst im Süden Marokkos. Aus seinen Samen stellen die geschickten Hände der Frauen dort in diffiziler und langwieriger Arbeit das kostbare Öl her. Der Geschmack von Arganöl erinnert an eine Vielzahl kraftvoller, erdiger und afrikanischer Aromen. Wer Arganöl verwendet, trägt mit seinem Einkauf auch dazu bei, das ökologische Gleichgewicht dieser Region unserer Erde zu erhalten.

Arganöl

Die Mandel der Berber

Schon seit 80 Millionen Jahren wächst der Arganbaum (lateinisch *argania spinosa*) in Nordafrika. Im Tertiär bedeckte er wahrscheinlich ein Gebiet von Algerien bis zu den heutigen Kanarischen Inseln, die damals noch nicht vom Festland abgetrennt waren. Im Quartär schrumpfte sein Verbreitungsgebiet aufgrund der klimatischen Abkühlung auf ein paar Gebiete im Süden Marokkos, hauptsächlich auf das Tal des Sous am nördlichen Rand der Westsahara.

Seit Tausenden von Jahren wird der Arganbaum im ländlichen Raum Marokkos wegen seines Öls, seiner Blätter und seines Holzes geschätzt. Bereits die Phönizier sollen damit Ende des 1. Jahrtausends v. Chr. von ihren Handelskontoren in Nordafrika und an der Atlantikküste aus gehandelt haben. Der islamische Arzt und Botaniker Ibn al-Baitar erwähnte den Arganbaum 1219 in seiner »Großen Zusammenfassung über die Kräfte der bekannten einfachen Heil- und Nahrungsmittel« unter den Begriffen *arjan* und *luz-al-barabir* (Mandel der Berber). 1515 berichtete der arabische Afrikaforscher Leo Africanus in seiner »Beschreibung Afrikas« über stachelige, in Marokko vorkommende Bäume, deren Früchte, Argan genannt, ein »übel riechendes« Öl ergäben, das zum Verzehr und als Lampenöl verwendet werde.

Lange Zeit war das Arganöl nur für die Menschen in Südmarokko von Bedeutung. Es wurde zwar im 17. Jahrhundert in Marseille eingeführt, jedoch nur für die Seifenherstellung. Bereits 1920 traf die marokkanische Regierung Maßnahmen zum Schutz der Arganbaumbestände: Auf Betreiben des

Arganbaum und Ziege

In Arganbäumen stehende Ziegen sind keine Seltenheit. Die Ziege ist ebenso gefräßig wie leichtfüßig und unübertroffen im Erklettern unzugänglicher Äste. Da die Früchte nicht so leicht selbst vom Baum fallen, geht sie sie schlicht und einfach holen, mit der für ihre Rasse typischen Hartnäckigkeit. Hier und da erzählt man sich, dass die Nüsse, die man zu Öl presst, traditionell am Fuß der Bäume aufgelesen werden, wo sie bereits von ihrem Fruchtfleisch durch die Verdauung der Ziegen befreit sind. Stimmt nicht, sagen die heutigen Vermarkter des Arganöls, darum bemüht, ihr Produkt vor solchen schmutzigen Verdächtigungen zu schützen. Stimmt doch, behaupten die Einheimischen. Sie haben beide Recht: Das Geheimnis der gefräßigen Ziege ist keine hinterwäldlerische Legende. Man sammelte früher tatsächlich die Nüsse, die diese Nutztiere am Fuß der Bäume zurückgelassen hatten. Doch das heute verkaufte Öl ist garantiert unberührt vom Verdauungstrakt einer Ziege, wenn es mit dem Zertifikat »aus kontrolliert biologischem Anbau« versehen ist.

Marschalls Lyautey wurde 1925 von der französischen Kolonialmacht ein Dekret erlassen, das die Arganbaumbestände verstaatlichte, aber deren Nutzung (Früchte, Viehfutter, Holz) der lokalen Bevölkerung überließ, wie auch das Recht, in den Arganbaumhainen noch andere Nutzpflanzen in Mischkultur anzubauen. Der Arganbaum nimmt im täglichen Leben der Bewohner des Sous, der Haha nördlich von Agadir und in anderen Gebieten seines Vorkommens, wo die hervorragenden Eigenschaften seines Öls wohlbekannt sind, einen sehr wichtigen Platz ein. Die Frauen verwenden das Öl für Körper, Gesicht und Haare und benutzen es zur Massage der Kleinkinder. In der Region Essaouira wird den Reisenden ein Mahl angeboten, das aus Brot, *amlú* (eine Art Marzipan aus Mandelpaste, Honig und Arganöl), geräuchertem Fleisch, Honig, Butter und Arganöl besteht, während die Kinder eine Süßigkeit aus Gerstengries und Arganöl erhalten. In derselben Gegend ist es in jüdischen Gemeinden Brauch, am Hoshanna Rabba, dem letzten Tag des Laubhüttenfests, eine Bohnensuppe mit Arganöl zuzubereiten.

Der Eisenholzbaum

Der Arganbaum ist ein Dornengewächs und gehört zur Familie der Ebenholzgewächse. Er ist in der Lage, auch äußerste Trockenheit zu überstehen: Es ist der einzige Baum, der im Dürregebiet nördlich der Sahara wächst. Sein Name wurde direkt aus dem Berberwort *argan* übernommen. Man nennt ihn auch »Olivenbaum Marokkos« und aufgrund seiner Langlebigkeit und seines harten Holzes »Eisenholzbaum«. Wegen seiner Widerstandsfähigkeit und seiner Dichte ist das Holz des Arganbaums zur Herstellung von Balken, Gerüsten und kleinen Utensilien sehr beliebt. Der Arganbaum kann in Hochlagen bis zu 1500 Meter gedeihen. Er braucht nur wenig Wasser (250 Millimeter pro Jahr) und hält Temperaturen bis zu 50 °C stand. Er erzeugt blassgrüne etwa drei Zentimeter lange Steinfrüchte, die wie eine große spitze Olive aussehen und deren glatte, ovale, extrem harte Nussschale mehrere flache, eng zusammengefügte Kerne enthält, die sehr ölhaltig sind. Von weitem ähnelt der Arganbaum dem Olivenbaum: knorriger Stamm, wie vernebelt wirkende Krone aufgrund der Masse feiner graugrüner Blätter. Doch ist er ausladender als der Olivenbaum; seine langen Äste neigen dazu, waagerecht auseinander zu streben. Er wird ungefähr zwölf Meter hoch. Manche Exemplare sehen ziemlich zerzaust aus, was dem nimmersatten Appetit der Ziegen zu verdanken ist.

Artenschutz

Der Arganbaum ist nicht nur aufgrund seines kulinarischen und therapeutischen Werts von Interesse. An manchen Stellen ist der Baum das letzte Bollwerk gegen das Vordringen der Wüste. Die Arganbaumwälder ihrem Schicksal zu überlassen wäre ein schwer wiegender ökologischer Fehler: In weniger als einem halben Jahrhundert ist der Bestand bereits von durchschnittlich 100 auf 30 Bäume pro Hektar geschrumpft, die baumbestandenen Flächen gehen insgesamt um jährlich 600 Hektar zurück. Der Lebensraum des Arganbaums verschlechtert sich von Jahr zu Jahr unter dem Einfluss des Bevölkerungszuwachses, der Vergrößerung der Ziegenherden und des intensiven Gartenbaus. Eine verstärkte Nachfrage an Arganöl kann dazu beitragen, die Baumbestände zu erhalten. In Marokko gibt es immer mehr Initiativen zum Schutz des Arganbaums. Sie fördern die Schaffung von landwirtschaftlichen Kooperativen und die Aufwertung des ausschließlich weiblichen Handwerks der Ölgewinnung. 1998 wurde der marokkanische Arganbaumbestand in die Liste der Biosphärenreservate der UNESCO aufgenommen.

Lebensraum, Anbau und Verarbeitung

Der in Marokko und in geringerem Maß auch in Westalgerien beheimatete Arganbaum gedeiht hauptsächlich im Südwesten von Marokko, von Safi im Norden bis zu den Ausläufern der Sahara im Süden. Sein Hauptverbreitungsgebiet, wo er in dichten Wäldern wächst, ist der Sous, die ausgedehnte Ebene um Essaouira und Agadir, die dem westlichen Hochatlas vorgelagert ist. Dieses Gebiet umfasst etwa 820 000 Hektar. Das Verarbeiten der Früchte von der Ernte bis zum Öl liegt traditionell in der Hand der marokkanischen Frauen. Die Ernte findet hauptsächlich zwischen Mai und August statt. Die Nüsse werden zunächst getrocknet, dann von Hand gequetscht, um das Fruchtfleisch von den Kernen zu lösen, deren Schalen dann zwischen zwei Steinen geknackt werden – eine mühsame und diffizile Arbeit. Die Kerne werden bei schwacher Hitze auf einem Blech oder in einer Tonpfanne geröstet und in einer kleinen Handmühle vermahlen. Das so entstandene Nussmus wird anschließend in einer Tonschüssel mit Wasser so lange bearbeitet, bis sich das Öl absondert. Das Öl wird dann in gläserne Behälter – meist von Kindern gesammelte Deckelgläser oder Flaschen – abgefüllt, während der übrig gebliebene Ölkuchen als Viehfutter verwendet wird.

Ein Hektar Arganbäume erzeugt durchschnittlich 800 Kilogramm Früchte (d. h. sechs bis acht Kilogramm für einen ausgewachsenen Baum), aus denen etwa 40 Kilogramm Kerne und daraus wiederum 18 Liter Arganöl gewonnen werden – bei einer Arbeitszeit von sieben bis acht Stunden pro Liter! Die Erzeugung von Arganöl ist also sehr arbeitsintensiv, und wenn man bedenkt, wie viel Anbaufläche dafür notwendig ist, wird verständlich, warum Arganöl selbst in Marokko weniger wird und es leider auch in der lokalen Küche nicht so häufig eingesetzt wird. Nicht nur im Ausland, sondern vor allem auch im Inland müsste noch viel getan werden, um Arganöl populärer zu machen. Erst in den 1980er Jahren entdeckte die Kosmetikindustrie das Öl und seine Vorzüge und sorgte so für neue Absatzperspektiven. Es verging aber ein gutes weiteres Jahrzehnt, bis Arganöl auch einer nennenswerten Anzahl von Köchen und Feinschmeckern wegen seiner kulinarischen Qualitäten bekannt wurde. Die nun langsam sich entwickelnde Nachfrage hat inzwischen schon zur Folge, dass die Arbeit der Frauen heute etwas weniger mühsam ist: Sie sind zwar noch für die Vorbereitung der Nusskerne zuständig, aber die Ölgewinnung besorgt heute die Ölpresse.

Therapeutische Wirkungen und Anwendungen

Im Erzeugergebiet wird Arganöl einerseits als dermatologisches Universalmittel verwendet, anderseits aber wegen seiner stärkenden, heilenden und potenzfördernden Eigenschaften auch als Medizin eingenommen. Man schätzt es als Appetitzügler und Energiespender: Zwei Teelöffel Arganöl allmorgendlich beim Aufstehen sollen dafür sorgen, die schlanke Figur zu erhalten oder das Gewicht zu reduzieren. Arganöl ist reich an ungesättigten Fettsäuren (etwa 80 %), insbesondere an der kostbaren Linolsäure, und daher ein wertvolles cholesterinsenkendes Nahrungsmittel. Für die Hautpflege genügt es, alle zwei Tage etwas Öl abends auf Gesicht und Hals aufzutragen. Manche seiner Bestandteile wirken gegen Viren, Bakterien und Pilze, und das darin enthaltene Schotenol soll sich sogar gegen Hautkrebs bewähren.

Aroma und Geschmack

Anfänglich wird der Geschmack des Arganöls etwas ungewohnt anmuten. Es gehört nicht zu den Ölen, die sich sofort zu erkennen geben, wie das Olivenöl. Sein Geschmack ist in purem Zustand eher unauffällig. Aber in Kontakt mit Lebensmitteln jeglicher Art kommt es zu einer wahren Geschmacksexplosion. Sobald das Öl beispielsweise mit dem Mund in Berührung kommt, verströmt es einen Hauch von einem schwer zu beschreibenden moschusartigem Aroma. Der dominierende Eindruck erinnert aber an geröstete Haselnuss, begleitet von würzigen Aromen sommerlicher Macchia, gepaart mit dem herben Duft von Ziegenkäse. Das Bukett bleibt bei der Verkostung des reinen Öls relativ verschlossen, entwickelt sich jedoch in einzigartiger Weise, wenn man ein Stück Brot oder Apfel hineintunkt: Anklänge von Trüffel, blühenden Tulpen, Kiefernharz, Mohnsamen, Lakritze, Pfeffer und Roggenbrot tauchen unvermittelt auf.

Arganöl kulinarisch

Noch vor einem Jahrzehnt kannten nur ein paar Eingeweihte Arganöl. Heute haben zumindest etliche schon davon gehört, obwohl es nur wenige bislang tatsächlich gekostet haben. Es ist ein kraftvolles Öl und harmoniert gut mit süßen Gerichten. In Marokko gehört es vor allem zum Frühstück: Man taucht Brot hinein und bestreicht es dann mit Honig. Arganöl nimmt einen Spitzenplatz in marokkanischen Rezepten ein, die auf süß-salzigen Mischungen basieren, auf karamellisierten und mildwürzigen Zubereitungen. Der Fantasie sind umso weniger Grenzen gesetzt, als Arganöl sich auch gut erhitzen lässt. Essig sollte man vermeiden, da sich Arganöl nicht gut mit ihm verträgt, höchstens mit etwas Saft von Zitrusfrüchten. Zusammen mit etwas Salz reicht es als Geschmacksverstärker einer Speise vollkommen aus.

Knusprige Brioche mit Arganöl und Melonenkonfitüre

Für 4 Personen
Vorbereitung 15 Minuten
Zubereitung 40 Minuten

2 EL Arganöl • 4 große Scheiben Brioche oder Hefekuchen •
3 EL Vanillezucker • 4 Prisen Zimt, gemahlen
Für die Konfitüre: 1 kleine kanarische Melone oder andere
Honigmelone (ca. 1,2 kg) • 3 große unbehandelte Zitronen •
700 g Kristallzucker • 1 Vanilleschote

♦ Zunächst die Konfitüre zubereiten. Die Melone halbieren, Kerne entfernen, das Fruchtfleisch aus der Schale und in kleine Stücke schneiden. Zwei Zitronen unter fließendem Wasser abbürsten, abtrocknen und in feine Scheiben schneiden. Die dritte Zitrone auspressen.

♦ In einem großen Topf den Zucker, den Zitronensaft und 15 cl Wasser in 5 Minuten bei mittlerer Hitze zu Sirup auflösen.

♦ Die Vanilleschote der Länge nach aufschlitzen und zusammen mit den Melonenstücken und den Zitronenscheiben zum Sirup in den Topf geben. Einmal aufkochen und bei schwacher Hitze 30 Minuten köcheln lassen, dabei gelegentlich umrühren, bis die Fruchtstückchen glasig und kandiert aussehen.

♦ Das Arganöl in einer Pfanne erhitzen und die Kuchenscheiben bei mittlerer Hitze in die Pfanne legen, mit Vanillezucker und Zimt bestreuen und auf beiden Seiten 3 Minuten backen. Sobald sie goldgelb und knusprig sind, herausnehmen und zusammen mit der Melonenkonfitüre heiß servieren.

Tipp

Die kanarischen Melonen sind bei uns von März bis September erhältlich. Sie können daher die Konfitüre bei Bedarf in der gewünschten Menge immer wieder frisch herstellen.

Frischer Obstsalat aus Sommerfrüchten mit Kuchencroûtons und Arganöl

Für 4 Personen
Vorbereitung 10 Minuten
Zubereitung 5 Minuten
Kühlzeit 30 Minuten

2 weiße Pfirsiche • 4 Aprikosen • 300 g Feigen • 1/4 Melone • 1 Limette • 3 EL Hagelzucker • 3 EL Arganöl • 300 g Hefekuchen

🔸 Die Pfirsiche und die Aprikosen häuten, den Kern entfernen und in feine Schnitze schneiden. Die Feigen vorsichtig waschen, mit Küchenpapier abtupfen und in Viertel schneiden. Die Melone schälen, die Kerne entfernen und das Fruchtfleisch in kleine Würfel schneiden. Die Limette auspressen.

🔸 Alle Früchte und den Limettensaft in eine Salatschüssel geben, zwei Esslöffel Hagelzucker darüber streuen und alles vorsichtig mischen. Einen Esslöffel Arganöl darüber träufeln, mit Frischhaltefolie abdecken und für 30 Minuten kalt stellen.

🔸 Kurz vor dem Servieren den Hefekuchen in kleine Würfel schneiden. In einer Pfanne den Rest des Arganöls schwach erhitzen, die Kuchenwürfel hineingeben, mit einem Esslöffel Zucker bestreuen und in etwa 3 Minuten goldgelb backen. Den frischen Obstsalat zusammen mit den heißen Kuchencroûtons servieren.

Tipp

Im Herbst können Sie den Obstsalat mit Weinbergpfirsichen, Muskatellertrauben, Birnen und frischen Feigen zubereiten und ein paar Tropfen Rosenwasser dazugeben.

Lammkeule mit Knoblauch-Kartoffel-Püree

Für 4 Personen
Vorbereitung 15 Minuten
Kochzeit 40 Minuten
Marinierzeit 8 Stunden

800 g Lammkeule in zwei gleich großen, dicken Scheiben • Salz und Pfeffer aus der Mühle • 2 Knoblauchknollen, geräuchert (Ail d'Arleux) • 1 EL Bohnenkraut • 1 EL Kerbel • 1 EL frischer Thymian • 30 cl Arganöl • 800 g Kartoffeln • 10 cl Milch

🫒 Die Fleischstücke nebeneinander in eine Bratform legen, salzen und pfeffern. Aus einer Knolle vier Knoblauchzehen lösen, abziehen, den Keimling entfernen, das Fruchtfleisch stifteln und die Bratenscheiben damit spicken. Die Kräuter darüber streuen und alles mit 20 cl Arganöl beträufeln. Bratform mit Folie abdecken, kalt stellen und 8 Stunden ziehen lassen. Das Fleisch ab und zu wenden.

🫒 Die Kartoffeln schälen. Die übrigen Knoblauchzehen der ersten Knolle abziehen und die Keimlinge entfernen. Kartoffeln und Knoblauch in einem Topf mit Salzwasser zum Kochen bringen und in etwa 20 Minuten weich garen.

🫒 Die Milch erhitzen. Die Kartoffeln und den Knoblauch durch die Kartoffelpresse drücken, die kochende Milch darüber gießen, leicht salzen und pfeffern und mit dem Schneebesen verrühren. Den Rest des Arganöls unterrühren, abschmecken und das fertige Kartoffelpüree warm stellen.

🫒 Den Backofen auf 250° C vorheizen. Die Zehen der zweiten Knoblauchknolle ungeschält in der Bratform über dem Lammfleisch verteilen, die Form in den Backofen schieben und das Fleisch 15–20 Minuten garen, wenn es innen noch rosa sein soll. Wer es durchgebraten mag, muss es entsprechend länger garen.

🫒 Die Lammfleischscheiben mit dem Kartoffelpüree servieren, dazu eventuell frischen Gartensalat mit getrockneten Tomaten und Arganöl reichen.

Rezept von David Van Laer, *Le Maxence*, Paris

Jakobsmuscheln und Kartoffelpüree mit Arganöl

Für 4 Personen
Vorbereitung 15 Minuten
Zubereitung 25 Minuten

20 Jakobsmuscheln (ohne Schale) • grobes Natursalz und Salzblüte • Pfeffer aus der Mühle • 500 g Kartoffeln der Sorte La Ratte oder andere kleine Kartoffeln • 15 cl Schmand • 4 EL Arganöl • 4 Orangen • 2 EL Olivenöl

◊ Die Jakobsmuscheln waschen und sorgfältig mit Küchenpapier trockentupfen, salzen und pfeffern. Die Kartoffeln in einem Topf mit Wasser bedecken, etwas grobes Salz dazugeben und bei starker Hitze zum Kochen bringen. Hitze reduzieren, ca. 20 Minuten sieden lassen, bis die Kartoffeln gar sind.

◊ Die Kartoffeln pellen und in einer Schüssel mit der Gabel zerdrücken, den Schmand, eine Prise Salzblüte, etwas Pfeffer aus der Mühle und drei Esslöffel Arganöl hinzufügen. Alles gut vermischen, mit Frischhaltefolie abdecken und warm stellen. Die Orangen auspressen und den Saft mit dem restlichen Arganöl vermischen, salzen, pfeffern und bei niedriger Hitze aufkochen lassen. Zur Seite stellen.

◊ Das Olivenöl in einer beschichteten Pfanne erhitzen und die Jakobsmuscheln auf jeder Seite 1–2 Minuten braten, herausnehmen und auf Küchenpapier abtropfen lassen.

◊ Die gebratenen Muscheln auf den vorgewärmten Tellern verteilen, etwas Salzblüte darüber streuen, einen Löffel Kartoffelpüree in der Größe eines Knödels hinzufügen, mit Orangensauce dekorieren und servieren.

Rezept von Bruno Deligne, *Les Olivades*, Paris

Was die Oliven im Abendland, sind die Samen der Sesampflanze in Asien: ein universelles Nahrungs-, Genuss- und Heilmittel. Die Heilkräfte und Verwendungsmöglichkeiten der winzigen Samen mit ihrem nussartigen Aroma sind unendlich, besonders die ihres vielseitigen Öls. In Ostasien verwendet man hauptsächlich das dunkle Sesamöl aus den gerösteten Ölsaaten, während beispielsweise in Indien das helle Öl aus dem naturbelassenen Sesam bevorzugt wird.

Sesamöl

Ein Allheilmittel

Wie bei vielen Kulturpflanzen, die bereits seit der Frühzeit genutzt werden, ist die ursprüngliche Heimat des Sesams nicht so einfach zu bestimmen. Einig ist man sich zumindest darüber, dass er sowohl aus Indien als auch aus Afrika stammt und vermutlich zur selben Zeit als wild wachsende Pflanze auch in vielen anderen Gegenden der Welt bekannt war. Bereits 1500 v. Chr. verzierten die ägyptischen Bäcker ihr Brot mit Sesam, so wie es heute noch ihre amerikanischen Kollegen im industriellen Stil mit Hamburger-Brötchen tun, und wie es rund um das Mittelmeer noch immer üblich ist.

In Palästina, Mesopotamien, Assyrien und bei den Hittitern in Anatolien diente Sesam zur Herstellung alkoholischer Getränke. Die assyrische Mythologie versichert mit viel poetischem Charme, dass die Götter die Welt praktisch im Rausch erschufen, nachdem sie sich am Abend zuvor mit Sesamwein betrunken hätten. Glaubt man Plinius, gelangte der Sesam durch die Babylonier aus Indien in den östlichen Mittelmeerraum, hauptsächlich nach Ägypten. Tatsächlich fand man bei den Ausgrabungen von Harappa am Oberlauf des Indus mehr als 6 000 Jahre alte Reste von verkohltem Sesam. Sanskritschriften aus der Zeit der Veden (Ende des 2. Jahrtausends v. Chr.) erwähnen häufig die Begriffe *tila,* das Sesamkorn, und *thaila,* das ausgepresste Öl. Letzterer sollte später zum Oberbegriff für alle Öle werden. In China wird Sesam erstmals im 6. vorchristlichen Jahrhundert erwähnt, bekannt war er dort jedoch schon viel länger.

Den amerikanischen Kontinent erreichte der Sesam durch Sklaven aus Äquatorialafrika, wo er unter seinem Bantunamen, *benne,* kultiviert wurde. Zu Kolonialzeiten noch sehr geschätzt, war der Erfolg der in den Vereinigten Staaten *benniseeds* genannten kleinen Körner nicht von Dauer. Dennoch war das aus importierten Ölsaaten gewonnene Sesamöl in den 1930er Jahren das am meisten verwendete Speiseöl in den USA. Und in Japan war helles Sesamöl sogar noch bis vor kurzem das wichtigste Öl zum Garen.

Eine musikalische Pflanze

Sesam *(Sesamum indicum)* ist eine grüne, Laub tragende, krautige Pflanze von ein bis zwei Metern Höhe mit vierkantigen, gerippten und verzweigten Stängeln. Sie gehört zur kleinen Familie der Pedaliengewächse *(Pedaliacea),* einer Gattung der artenreichen Lippenblütler, zu der auch so unterschiedliche Pflanzen wie Minze, Salbei und die Brennnessel zählen. Sie gedeiht besonders gut in mediterranem Klima sowie in heißen und tropischen Regionen. Ihre ovalen, zarten und tief geäderten Blätter ähneln denen der Schwarzwurz (Beinwell), während ihre weißen bis mauvefarbenen, glockigen Blüten (die Farbe hängt davon ab, in welcher Höhe sie gedeihen), die direkt am Stängel wachsen, an Salbei und den Fingerhut erinnern. Die dicht an der Basis relativ großen Blätter wechseln mit den Blüten ab und werden zur Spitze hin allmählich schlanker und länger. Nach der Blüte bilden sich die länglichen Fruchtkapseln, die jeweils etwa 60 Samen enthalten. Sie müssen geerntet werden, bevor sich die Kapseln öffnen und ihren Inhalt unkontrolliert verstreuen. Je nach Anbaubedingungen und Varietät sind die Samen cremefarben, braun oder schwarz. Mit 50 bis 60 % ist ihre Ölausbeute relativ groß. Die schwarzen Samen, die hauptsächlich in China und Japan verwendet werden, sind würziger. Sie finden als Arznei in der chinesischen und indischen Heilkunst Verwendung oder dienen in Ölform als Trägerstoff zur Herstellung medizinischer Präparate. Schüttelt man eine reife Sesamfrucht, hört man die kleinen Samen im Innern der Kapsel rasseln. Diese Besonderheit verhalf dem Sesam lautmalerisch zu seinem berühmtesten Namen – *gingelli* in der Sprache der Tamilen. Er ist seit dem 8. Jahrhundert gebräuchlich und bis heute in zahlreiche weitere Sprachen eingegangen. Der Wilde Sesam *(Perilla fructescens),* auch Perilla oder Schwarznessel genannt, hat wenig mit dem echten Sesam zu tun, ob wild

Sesam und sein Schatz

Indische Sprichwörter verwenden Sesam häufig als Symbol für Armut oder Bescheidenheit. So heißt es zum Beispiel: »Lieber ein halbes Sesamkorn sein Eigen als ein Festessen in einem anderen Haus«, also »lieber eine Kleinigkeit zu Hause als bei anderen im Überfluss«. Doch woher kommt eigentlich jenes »Sesam, öffne dich!«, mit dem sich Ali Baba Zugang zur Schatzhöhle verschaffte? Es gibt mehrere Hypothesen. So wurde Sesam offensichtlich schon immer mit Reichtum in Verbindung gebracht. Nach einem alten Glauben bringt ein mit Sesamsamen gefüllter Krug, dessen Inhalt man jeden Monat austauscht, Geldsegen. Die Zauberformel ist möglicherweise auch eine Anspielung auf die Fruchtbarkeit, versinnbildlicht in den mit Samen prall gefüllten, reifen Fruchtkapseln. Der Ausruf »Sesam, öffne dich!« wäre somit die Bitte an die fruchtbare Erde, sich zu öffnen und ihre Schätze preiszugeben.

Massagen mit Sesamöl

Die traditionelle Ayurveda-Ölmassage, *Ab-hyanga,* wird gewöhnlich von zwei Masseuren an einem Patienten durchgeführt. Nichts spricht jedoch dagegen, selbst Hand anzulegen und einige Grundgriffe dieser jahrtausendealten indischen Heilkunst anzuwenden. Verwenden Sie reines Sesamöl oder ägyptisches Massageöl (siehe Seite 40). Schon eine geringe Menge ägyptischen Öls regt den Blutkreislauf an und lindert neuralgische Schmerzen und Ischiasprobleme. Dazu massieren Sie das Öl in gleichmäßigen Bewegungen in die betroffenen Körperpartien ein. Behutsames Einreiben der Kopfhaut vertreibt Schuppen und fördert den Haarwuchs. Um die wichtigsten Reflexzonen anzuregen, massieren Sie die Handteller, Fußsohlen und Ohren. Leiden Sie häufig unter Kopfschmerzen, massieren Sie täglich das Gesicht und die Flächen zwischen Daumen und Zeigefinger ein. Bei Gelenkschmerzen empfiehlt sich eine Massage des ganzen Körpers.

wachsend oder als Kulturpflanze. Der entfernte Verwandte, der ähnlich winzige Samen ausbildet wie echter Sesam, gehört ebenfalls zu den Lippenblütengewächsen *(Lamiacea)*; doch da hören die Gemeinsamkeiten auch schon auf. Mit ihren fein gesägten Blättern und ährenförmigen Blütenständen gleicht die Perilla eher einer veredelten Brennnessel. Die in Japan als Grüner oder Roter Shiso bekannte Pflanze ist eine der wenigen Küchenkräuter, die in der wählerischen und anspruchsvollen japanischen Küche Anerkennung genießen. Das eigentümliche Aroma des Shiso ist etwas gewöhnungsbedürftig – ein unverwechselbarer Geschmack, der zugleich säuerlich, bitter, pfeffrig und minzig ist.

Lebensraum und Anbau

Sesam bevorzugt sonnenreiche Standorte und wird in warmen bis heißen Klimazonen kultiviert, darunter in Asien (Indien, Birma und China), in Griechenland und der Türkei, in Afrika (Sudan, Burkina Faso, Uganda, Nigeria) und in Lateinamerika (Mexiko, Guatemala, Kolumbien, Venezuela). Indien ist trotz eines leichten Rückgangs der Erträge seit 1994 immer noch der weltweit größte Sesamproduzent (26 %), dicht gefolgt von Afrika (25 %).

Die ständig steigende Produktion ist eine Folge der Ausweitung der Kulturen und der Erschließung neuer Anbauflächen und nicht etwa höherer Hektarerträge, die gewöhnlich eher gering ausfallen. In allen Erzeugerländern fließt der größte Teil der Produktion in den Eigenverbrauch. Die Importländer – unter ihnen sind Japan, Südkorea, die Europäische Union und die USA die wichtigsten – kaufen ihre Ware zunehmend in Afrika. Da die Sesamkapseln sehr empfindlich sind, ist eine maschinelle Bewirtschaftung der Anbauflächen kaum möglich. Sie können nur von Hand geerntet werden; darum wird Sesam vorzugsweise in Ländern mit billigen Arbeitskräften kultiviert.

Sesam wird im Frühling in der mit Dünger angereicherten Erde ausgesät. Sobald die Jungpflanzen etwa fünf Zentimeter hoch sind, werden sie in Abständen von 15 Zentimetern vereinzelt. Sind die Fruchtkapseln ausgereift, aber noch ungeöffnet, wird die Sesampflanze dicht über dem Boden abgemäht. Die Halme werden mit äußerster Behutsamkeit gebündelt und zum Trocknen in Garben aufgestellt. Zum Ernten der getrockneten Samenkapseln schüttelt man den Sesam auf riesigen Tüchern. Ein geringer Teil der Produktion wird als Samen vermarktet oder zu Pasten *(tahin, halva)* verarbeitet; der Rest (etwa 80 %) fließt in die Speiseölgewinnung. Der allergrößte Teil des in Europa in Bioläden und Feinkostgeschäften angebotenen Sesamöls stammt aus Afrika, hauptsächlich aus Burkina Faso,

Bei Ohrenentzündungen

Etwas Sesamöl (hell oder dunkel) erwärmen. Die Temperatur am Handgelenk prüfen und einige Tropfen Öl in das entzündete Ohr träufeln. Ohr mit einem Wattebausch verschließen, 2 Minuten einwirken lassen. Anschließend das Ohr mit einem Wattestäbchen vorsichtig austupfen. Diese Behandlung, täglich zwei- bis dreimal angewendet, lindert besonders bei Ohrenentzündungen als Folge einer Erkältung die Schmerzen. Bei gesunden Ohren lässt sich auf gleiche Weise der Gehörgang reinigen und Ohrenschmalz entfernen.

Ägyptisches Massageöl

Etwa 40 Gramm frische Ingwerwurzel schälen und über einem Tuch fein reiben. Den Ingwersaft möglichst vollständig auspressen und mit drei Esslöffeln Sesamöl und einem halben Teelöffel Zitronensaft vermengen. Die Mischung verschlagen und in eine kleine Flasche füllen. Vor Gebrauch schütteln.

Bei Verbrennungen

Versuchen Sie folgendes altbewährtes chinesisches Mittel: Einige Sesamsamen zermahlen und die Paste auf die betroffene Stelle auftragen. Einige Lagen Mull auflegen und mit einem Heftpflaster fixieren. Die Kompresse etwa eine Stunde einwirken lassen und, wenn nötig, die Anwendung wiederholen.

das sich dem biologischen Sesamanbau verschrieben hat. Das dunkle Sesamöl aus gerösteten Ölsaaten stammt gewöhnlich aus China oder Singapur. Die nach dem Auspressen der Samen verbliebenen Rückstände, der so genannte Ölkuchen, wird längst nicht mehr nur als Futtermittel, sondern auch als hochwertiges Nahrungsmittel für den Menschen geschätzt.

Therapeutische Wirkungen und Anwendungen

Sesam enthält, so sagt man, sieben schmerzstillende Substanzen. Seine Blätter wirken reizlindernd bei Nieren- und Blasenbeschwerden und helfen bei Augenleiden; die Samen gelten als schmerzlindernd und herzstärkend, wirken harntreibend, gegen Durchfall und Würmer und regen die Milchproduktion an. Da Sesam auch die Periodenblutung auslösen kann, wurde den Frauen in Indien während der ersten drei Monate der Schwangerschaft vom Genuss der Samen und des Öls abgeraten. In der ayurvedischen Medizin gilt Sesamöl als bewährtes Mittel gegen praktisch jedes Übel. Sie rühmt seine heilende und wärmende Kraft, seine wohltuende Wirkung auf Haut und Haare, auf Verdauung und den Geist. Sesamöl stärkt sämtliche Körperfunktionen. Es lindert Gelenkschmerzen, Ischiasprobleme und Rückenleiden und es verlangsamt den Alterungsprozess der Haut. Tägliches leichtes Einmassieren in den Teint wirkt Fältchenbildung entgegen. Sesam enthält ferner zwei antioxidative Substanzen (Antioxidanzien), das Sesamin und das Sesamolin. Sesamin hat die Eigenschaft, den Cholesterinspiegel im Blut zu senken. Zudem besitzt Sesamöl einen hohen Anteil an Ölsäure (40 % einfach ungesättigte Fettsäuren) und einen ebenso großen Anteil an Linol- bzw. Linolensäure (mehrfach ungesättigte Fettsäuren). Damit liegt der Gesamtgehalt essenzieller Fettsäuren bei nahezu 80 %.

Aroma und Geschmack

Sesamöl erinnert im Aroma zunächst stark an andere Öle aus gerösteten Ölsaaten, besonders an Erdnussöl, ist jedoch eine Nuance weniger mild, rund und vielschichtig. Im hinteren Mundteil entwickelt es ein zunehmend konsistentes, leicht harzig-teerartiges und an Karamell erinnerndes Aroma, das jede Ähnlichkeit zum Erdnuss- oder Haselnussöl vergessen lässt. Erst im Abgang enthüllt Sesamöl über den Geruchssinn seinen ganz eigentümlichen, unverwechselbaren Geschmack.

Sesam und sein Öl kulinarisch

Sesam kommt in der Küche praktisch überall zum Einsatz. Im Mittelmeerraum und im Nahen Osten ist er in den Bäckereien und Konditoreien eine allgegenwärtige Zutat. In Griechenland gibt es unzählige Sorten Kleingebäck, Brot, Kuchen und andere Süßwaren mit Sesam. In Mexiko wandern die kleinen Samen in verschiedene Saucenzubereitungen, darunter die berühmte *mole poblano* mit Kakao und Gewürzen. Die *halva* aus dem Nahen Osten ist eine klebrig-süße Leckerei aus zermahlenen und mit Honig und Zucker gebundenen Sesamkörnern, die beispielsweise stillenden Frauen zur Stärkung empfohlen wird. *Tahin* ist eine orientalische Sesampaste, die man zum Würzen und Binden zahlreicher kalter und warmer Saucen und Pürees, wie dem *hummus,* verwendet. Die Koreaner sind ganz verrückt nach Sesam und verwenden nicht nur die winzigen Samen, sondern essen die ganze Pflanze mit Stumpf und Stiel. Sie bereiten Sie als Gemüse, als Salat oder mariniert mit Salz, Knoblauch, Chili, Kastanien, Zwiebeln, Ingwer und dem Saft von fermentierten Sardellen. Ihr erstaunlich aromatischer, zugleich scharfer und bitterer Geschmack erinnert an Perilla oder Shiso, den Wilden Sesam. In Japan ist Sesam sowohl in Samen- als auch in Ölform populär. Er dient zur Herstellung von Gewürzen wie *gomasio* (zerstoßene Sesamsamen mit Salz gemischt) und der Sieben-Gewürze-Mischung *shichimi togarashi.* Auch in der vegetarischen Küche der buddhistischen Klöster spielt Sesam eine herausragende Rolle. In China und Südostasien gibt man das Öl erst im letzten Moment als Würzmittel zu, damit es nichts von seinem köstlichen Aroma verliert. Sesamöl tritt in allen erdenklichen Produktformen pflanzlicher Öle in Erscheinung: In den Vereinigten Staaten und Europa wandert es als raffiniertes Öl in die Herstellung von Margarine. Aber auch als geröstetes oder hochwertiges kaltgepresstes Öl findet man es häufig. In Indien, besonders im südlichen Landesteil, und in Birma wird das warmgepresste helle Sesamöl *(gingelly oil)* für die Zubereitung von Currys verwendet. Weiter östlich wird das Öl aus den vor der Pressung grob zerkleinerten Samen extrahiert. Dieses Öl wird als reines Würzmittel in Korea, Japan und China viel verwendet. Obwohl dunkles Sesamöl aus gerösteten Samen nicht besonders zum Garen geeignet ist, kann man es, mit anderem Öl versetzt, durchaus zum Braten verwenden.

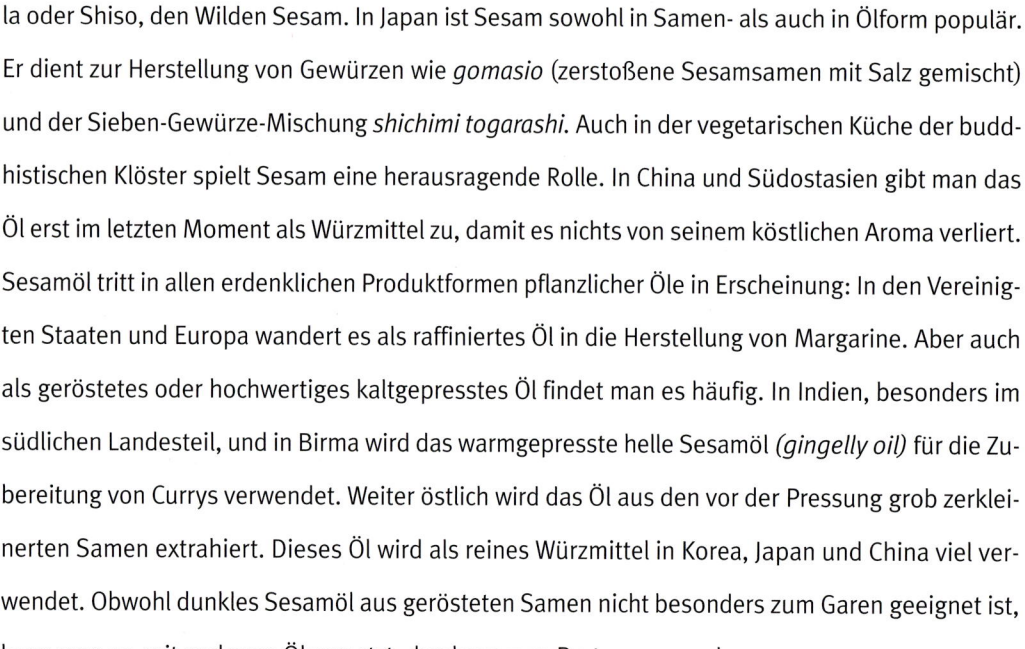

Sesam-Eiscreme mit Kakao

Für 4 Personen
Vorbereitung 30–40 Minuten
Garzeit 10 Minuten
Kühlzeit 12 Stunden

6 Eigelbe • 50 g brauner Zucker • 2 EL weiße Sesamsamen •
1/2 l pasteurisierte Vollmilch • 2 EL hochwertiges Sesamöl •
2 EL Kakaopulver

🝆 Die Eigelbe mit dem Zucker schaumig rühren. Die Sesamsamen in einer beschichteten Pfanne leicht goldgelb rösten. (Vorsicht, zu stark geröstete oder gar verbrannte Samen schmecken bitter!)

🝆 Die Milch mit dem gerösteten Sesam aufkochen und nach und nach unter die Eiermasse rühren. Die Mischung (eine Englische Creme) in eine Kasserolle geben und unter ständigem Rühren mit einem Holzlöffel etwa 10 Minuten langsam erhitzen. Sobald sie leicht eindickt und den Rücken des Holzlöffels überzieht, die Creme in eine Schüssel umfüllen. Das Sesamöl unter die Creme schlagen, bis es vollständig emulgiert und die Mischung etwas abgekühlt ist. Die Creme im Kühlschrank 12 Stunden durchkühlen lassen.

🝆 Am folgenden Tag die Creme in der Eismaschine etwa 20–30 Minuten gefrieren lassen, bis sie schön cremig ist. Das Sesameis in großzügige Kugeln portionieren und, mit dem Kakaopulver bestreut, servieren.

 Tipp

Je nachdem, ob Sie das Sesamaroma lieber etwas schwächer oder ausgeprägter mögen, erhöhen oder reduzieren Sie die Ölmenge entsprechend. Da das hier verwendete Sesamöl sehr würzig ist, sollten Sie es vor der Verwendung probieren und dann je nach Geschmack dosieren.

Geröstete Brotscheiben mit Paprika-Confit, geräucherter Entenbrust und Sesamöl

Für 4 Personen
Vorbereitung 20 Minuten
Garzeit 10-15 Minuten
Marinierzeit 30 Minuten

1 große rote Paprikaschote • 1 große gelbe Paprikaschote •
1 Knoblauchzehe • 3 EL Olivenöl • 1 EL Sherryessig • Salz und
Pfeffer aus der Mühle • 1 EL Sesamöl • 1 cm frische Ingwerwurzel • 1 EL Sesamsamen • 4 Scheiben Bauernbrot • 100 g
geräucherte Entenbrust in Scheiben

◆ Die Paprikaschoten waschen, abtrocknen und in eine ofenfeste Form legen. Die Schoten unter dem Backofengrill etwa 10 Minuten von allen Seiten grillen.
Zwischendurch immer wieder wenden, bis die Haut
rundherum schwarz ist. Die Paprikaschoten aus der
Form nehmen und für 10 Minuten in einen Plastikbeu-
tel geben. Den ausgetretenen Saft in der Form zurückbehalten. In der Zwischenzeit die Knoblauchzehe abziehen, den Keimling entfernen und die Zehe durchpressen. Die Paprikaschoten häuten, halbieren, Samen
und Rippen entfernen und das Fruchtfleisch in Streifen
schneiden. Paprikastreifen in eine Schüssel geben und
mit dem zurückbehaltenen Saft übergießen. Das Olivenöl, den Sherryessig und den Knoblauch hinzuge-
ben, mäßig salzen und pfeffern und mit etwas Sesamöl beträufeln. Die Paprikastreifen etwa 30 Minuten bei
Zimmertemperatur marinieren lassen.

◆ Den Ingwer schälen. Die Sesamsamen in einer beschichteten Pfanne ohne Fett 3 Minuten goldgelb rösten. Die Brotscheiben rösten, mit dem frischen Ingwer
einreiben und mit ein wenig Sesamöl beträufeln. Die
Brotscheiben mit den etwas abgetropften Paprikastreifen und der geräucherten Entenbrust belegen. Mit
den gerösteten Sesamsamen bestreuen und sofort
servieren. Dazu passt ein Römersalat oder Lollo Rosso
mit Frühlingszwiebelröllchen.

 Tipp

Sie sollten den grünen Knoblauchkeimling unbedingt entfernen; so ist der Knoblauch bekömmlicher und nicht so scharf.
Im Frühling bekommen Sie den wunderbar aromatischen jungen Knoblauch, den Sie bedenkenlos ganz, roh oder im Ofen
geröstet essen können, da er noch keine Zeit hatte zu keimen.

Chinakohl-Salat mit Sojasprossen, Pancetta und Sesamöl

Für 4 Personen
Vorbereitung 15 Minuten
Marinierzeit 2 Stunden

2 Hand voll Sojabohnensprossen • 1 Knoblauchzehe • 3 EL Sojasauce • 1 TL feiner Zucker • 1 EL Honigessig • 2 EL Rapsöl • 2 1/2 EL Sesamöl • 3 Prisen Chilipulver • 1/2 TL feines Salz • 1/2 Chinakohl • 1 Scheibe Pancetta (etwa 100 g)

◖ Die Sojasprossen waschen, trockentupfen und kühl stellen. Knoblauchzehe abziehen (Keimling entfernen) und fein hacken.

◖ In einer Schüssel die Sojasauce mit dem Zucker verrühren. Den Honigessig zugeben, je zwei Esslöffel Raps- und Sesamöl und zuletzt das Chilipulver sowie den Knoblauch unterrühren. Mit Salz abschmecken.

◖ Die Blätter des Chinakohls ablösen, waschen und abtropfen lassen. Blätter in feine Streifen schneiden, in eine Salatschüssel geben und mit drei Viertel des Dressings übergießen. Den Salat gründlich durchmischen und mit Frischhaltefolie bedeckt im Kühlschrank etwa 2 Stunden ziehen lassen.

◖ Den Pancetta in feine Würfel schneiden. Das restliche Sesamöl in einer beschichteten Pfanne erhitzen und die Speckwürfel darin 5 Minuten knusprig braten. Die Sojasprossen mit dem Speck vermengen und damit die Sauce würzen. Sojasprossen und Speck unter den marinierten Chinakohl heben.

Tipp

Pancetta ist durchwachsener, luftgetrockneter Bauchspeck, der in Italien sehr beliebt ist und häufig für Pasta und sautierte Gemüsezubereitungen verwendet wird. Er ist bei jedem guten Metzger und in italienischen Lebensmittelgeschäften erhältlich. Sollten Sie ihn nicht bekommen, können Sie ihn durch Parmaschinken ersetzen, den Sie ohne Schwarte, aber mit Fettrand klein schneiden.

Scampi im Filoteig
mit Shiso-Salat und Sesamöl

Für 4 Personen
Vorbereitung 15 Minuten
Garzeit etwa 5 Minuten

8 Filoteig- oder Brickteigblätter • 20 g zerlassene Butter •
8 große Scampi, ausgelöst (aber mit Schwanzsegment) • Salz
und Pfeffer aus der Mühle • 3 EL Sesamöl • 1 EL Reisessig •
1 Spritzer ungesüßte Sojasauce • 1/2 cm frische Ingwerwurzel, gerieben • 1 Schälchen Shiso-Sprossen (in Asialäden erhältlich) • 1 EL weiße Sesamsamen

◆ Die Teigblätter auf einer Seite mit der zerlassenen
Butter bestreichen. Die Scampi salzen und pfeffern
und so in die Teigblätter einschlagen, dass die Schwänze herausragen. Die überstehenden Teigränder am
Kopf abschneiden und die »Pakete« mit weiterer zer-
lassener Butter bestreichen. Die umwickelten Scampi
auf ein Blech legen.

◆ Den Backofen auf 210 °C vorheizen. Aus Sesamöl,
Reisessig, der Sojasauce und dem fein geriebenen Ingwer eine Vinaigrette zubereiten und die Shiso-Sprossen damit übergießen.
◆ Die Scampi im vorgeheizten Backofen 4–5 Minuten
garen und sofort servieren. Den Shisosalat mit den Sesamsamen bestreuen und dazu reichen.

 Tipp

Shiso ist ein sehr aromatisches und dekoratives japanisches
Küchenkraut, das aus derselben Familie wie die Minze
stammt. Selbst seine Samen und Blüten werden gelegentlich
für bestimmte Zubereitungen verwendet. Auch wenn es prin-
zipiell keine echte Alternative zu Shiso gibt, können Sie sich
eventuell mit blühendem Basilikum behelfen.

Rezept von Marc Marchand, *Hôtel Meurice,* Paris

Sautierte Garnelen mit Knoblauch, grüner Mango und Sesamöl

Für 4 Personen
Vorbereitung 20 Minuten
Garzeit 5 Minuten

1 grüne Zitrone • 1 Kaffir-Limette • 1 grüne Mango • 1/2 TL feiner Zucker • 4 EL Sesamöl • 20 große, rohe Garnelen oder kleine Gambas • 2 Knoblauchzehen • 1 EL Olivenöl • Salz und Cayennepfeffer • einige Blätter Koriandergrün

🌢 Den Saft der Zitrone auspressen. Die Kaffir-Limette waschen, abtrocknen und die Schale in Zesten schneiden. Die Mango schälen, den Stein entfernen und das Fruchtfleisch in dünne Scheiben schneiden. In einer Schüssel den Zitronensaft, die Kaffir-Zesten, den Zucker und einen Esslöffel Sesamöl gründlich verrühren und damit die Mangoscheiben beträufeln. Kalt stellen.
🌢 Die Köpfe der Garnelen entfernen und die Schwänze aus der Schale lösen. Knoblauchzehen abziehen (Keimlinge entfernen) und in feine Scheiben schneiden.

🌢 In einer großen beschichteten Pfanne das Olivenöl und das restliche Sesamöl erhitzen. Die Garnelen und den Knoblauch 5 Minuten sautieren. Mit Salz und Cayennepfeffer würzen und kurz vor Ende der Garzeit die frischen Korianderblätter zugeben. Die heißen Garnelen mit der marinierten Mango anrichten und sofort servieren.

Tipp

In Asialäden finden Sie neben Kaffir-Limetten, grünen Mangos und Koriandergrün auch tiefgefrorene Garnelen von mittlerer Größe (30 bis 40 Stück pro Kilogramm). Sie sind hervorragend für dieses Rezept geeignet. Lassen Sie sie vor dem Auslösen in einem Sieb im Kühlschrank langsam auftauen.

Millefeuille der fünf Aromen mit Sesamöl

Für 4 Personen
Vorbereitung 30 Minuten
Garzeit 5 Minuten

8 Filo- oder Brickteigblätter • 4 EL Sesamöl • 6 EL Kastanienhonig • 1 EL Fünfgewürzpulver • 3 EL geröstete Sesamsamen •
8 Datteln • 200 g *brousse* (südfranzösischer Ziegen- oder
Schafsquark), ersatzweise Frischkäse

🌢 Den Backofen auf 180 °C vorheizen. Die Teigblätter
nebeneinander auf der Arbeitsfläche ausbreiten und
mit einem großen Ausstechring oder einer Spiegel-
eierform aus jedem Blatt drei Kreise von etwa 12 cm
Durchmesser ausstechen. Die Teigkreise mit einem
Pinsel zunächst mit Sesamöl, dann mit Honig bestreichen. Mit dem Fünfgewürzpulver bestäuben und mit
den Sesamsamen bestreuen.

🌢 Die Teigkreise auf ein Backblech legen und etwa
5 Minuten im Ofen backen, bis sie eine goldbraune Farbe angenommen haben. Aus dem Backofen nehmen
und auf einem Gitter abkühlen lassen.

🌢 Die Datteln entsteinen, in kleine Stücke schneiden
und in einer Schüssel mit dem Quark und dem restlichen Honig gründlich vermengen.

🌢 Die Millefeuilles zusammenstellen: Zwei knusprige
Teigblättchen übereinander legen und eine Schicht der
Dattelcreme auftragen. Zwei weitere Teigblättchen auflegen, erneut mit einer Schicht Dattelcreme bedecken
und zuoberst mit zwei Teigblättchen abschließen. Auf
diese Weise insgesamt vier Millefeuilles schichten und
sofort servieren.

🌢 Tipp

Das Rezept lässt sich abwandeln, indem man beispielsweise
die Datteln durch die gleiche Menge Backpflaumen ersetzt
oder Frischkäse anstelle des außerhalb Frankreichs kaum zu
findenden *brousse* verwendet. Der *brousse* lässt sich mit etwas Sahne in die richtige Konsistenz bringen. Seine leicht sal-
zige Note verleiht dem Rezept das gewisse Etwas.

Unauffällig begleitet uns die Mandel in all ihren Formen durchs Leben. Mit Zucker überzogen versüßt sie fröhliche Stunden. In allen traditionellen Konditoreien ist sie eine feste Größe, ihrer Knusprigkeit und Zartheit kann keiner widerstehen. In Mandelmilch, Sirup, Turron und Nougat tritt sie in Gesellschaft der herben Bittermandel auf. Und ist ihr Öl in der Babypflege inzwischen bestens bekannt, so sollten Sie damit auch einmal einen Salat veredeln.

Süßes Mandelöl

Das Tor zur Absolutheit

Rosengewächse *(Rosacea)* nehmen im Pflanzenreich einen beneidenswerten Platz ein: Ihre Früchte genießen einen durch und durch positiven Ruf. Rose, Apfel, Erdbeere, Weißdorn, Vogelbeere, Kirsche oder Aprikose – sie alle sind heitere Sinnbilder der Liebe. Von allen Früchten ist die Mandel eine der am meisten verehrten. Mit keiner einzigen negativen Wortbedeutung belastet, gilt sie als untadelig, ganz und gar gut und heilig. Aber die Mandel hat viele Gesichter. So mystisch verklärt sie ist, so sehr verkörpert sie auch die Sinnlichkeit, schließlich gilt sie seit uralten Zeiten als Aphrodisiakum. Die Mandel ist mit zahlreichen sexuellen Assoziationen verbunden, einer reinen, genussvollen Sexualität jedoch, die frei von Perversität ist. Im Gegensatz zu anderen vermeintlich triebsteigernd wirkenden Samen wie Pinienkernen, Pistazien und Walnüssen, die, wenn sie auch nicht gerade für den Flirt mit dem Teufel stehen, häufig mit Bildern von Ausschweifungen und zügellosen Räuschen assoziiert werden, verkörpert die Mandel die Unschuld. Das Oval der ungeschälten Mandel galt schon immer als Abbild des Fötus im Mutterleib mit all den damit verbundenen physischen und mystischen Vorstellungen von der Geburt (hier liegt vermutlich auch der Ursprung der Wiener Mandeln, die zur Taufe verteilt werden).

Bereits die Römer, die die Frucht liebten, unterhielten Mandelkulturen. Das belegen große Mengen an Mandelresten ein- und derselben Sorte, die man in einem römischen Schiffswrack vor dem

Cap d'Agde im Hérault fand. Die Römer nannten die Mandel »griechische Nuss«. Tatsächlich brachten die Griechen im 6. Jahrhundert v. Chr. den Mandelbaum in das westliche Europa, und obwohl seine Herkunft oft mit Zentralasien angegeben wird, existierte der Mandelbaum offenbar bereits im Paläolithikum auf der griechischen Halbinsel.

Sämtliche Kulturen rund um das Mittelmeer, im Nahen Osten und in Indien verehren die Mandel in gleichem Maße. Sie inspiriert ihre Küchen, beseelt ihre Poesie und bezaubert ihre Mystik. Die griechische Mythologie kennt unzählige Sagen und Legenden über die Mandel, sie alle erzählen von der Liebe und der Fruchtbarkeit. In den traditionellen libidosteigernden Speisen waren Mandeln neben Pinienkernen und Honig häufig eine wichtige Zutat. So empfahl der Arzt der Antike, Galen, hundert Pinienkerne und zehn zerstoßene Mandeln, vermischt mit Honig, um im Bett wahre Wunder zu vollbringen. In etwas romantischerer Weise ist der Mandelbaum auch eng mit der Vorstellung von Treue und ewiger Liebe verbunden, wie die griechische Sage um die thrakische Prinzessin Phyllis und die Legende um den hl. Valentin, den Schutzheiligen der Liebenden, bezeugen, auf dessen Grab man einen rosa blühenden Mandelbaum gepflanzt haben soll. Auch die jüdische Überlieferung erwähnt im Alten Testament mehrmals die Mandel und den Mandelbaum. Auf hebräisch heißt Mandel *luz*: In die unterirdische Stadt Luz, den Ort der Unsterblichkeit, gelangte man nur durch den Stamm eines Mandelbaums. Die Mandel war also schon immer ein Symbol des neu entstehenden Lebens und der Mandelbaum ein Symbol für geistige Erkenntnis. Sein Name (lateinisch *amandula*) bedeutet wörtlich übersetzt »der wachende Baum«, ein Baum, der selbst im Winter wacht, um im Frühling als erster zu blühen.

Der biblischen Überlieferung folgend, machte auch die christliche Mystik des Mittelalters reichlichen Gebrauch von der Mandel. Sie stellt besonders ihre rautenähnliche Form als Sinnbild für die Einheit der Gegensätze und die Harmonie zwischen Himmel und Erde heraus. Der Ritterorden der Templer bevorzugte darum lange Zeit Schilde von der Form einer Mandel, ein Abbild des Christkönigs und Symbol für die Einheit Jesu Christi als Sohn Gottes und als Menschenkind.

Griechische Sagen rund um die Mandel

Als Akamas, Sohn des Theseus, in den Krieg um Troja zog, versprach er seiner Verlobten, der thrakischen Prinzessin Phyllis, so schnell wie möglich zurückzukehren. Kaum dass der Krieg beendet war und die Flotte der Achäer in Sicht kam, wartete Phyllis voller Ungeduld auf die Rückkehr Akamas'. Doch sie konnte sein Schiff nirgends sehen, und so starb sie schließlich vor Kummer. Darauf verwandelte sie Hera, vom Mitleid getrieben, in einen Mandelbaum. Akamas hatte sich jedoch auf seinem Kurs nur ein wenig verspätet. Als er an Land ging, entdeckte er schon bald jenen traurigen, nackten Mandelbaum ohne Blüten und Blätter. Er legte seine Arme um ihn, und der Baum begann sofort zu erblühen. Seit diesem Wunder tragen alle Mandelbäume erst die Blüten und dann die Blätter.

Ein anderer Mythos bringt den Mandelbaum mit der Fruchtbarkeit und der kultischen Verehrung der Kybele in Verbindung. Als der Samen des Zeus einmal zu Boden fiel, wuchs daraus Agdistis, ein Hermaphrodit. Als die Götter sich daran machten, ihn zu kastrieren, ließ das vergossene Blut nebeneinander einen Mandelbaum und einen Granatapfelbaum (beide Symbole der Fruchtbarkeit) sprießen. Eines Tages kam die Nymphe Nana, Tochter des Flussgottes Sargan, an dem Mandelbaum vorbei und wurde durch die Kraft einer einzigen Mandel schwanger. Darauf gebar sie den Heros Attis. In anderen Versionen der Legende sind die Gattin (Kybele) und der Vater Attis' (der Mandelbaum) sogar ein- und dieselbe Person.

Gegenüber von Cannes liegen die beiden Inseln der Iles de Lérins, Sainte-Marguerite, die
größere, und Saint-Honorat, auf der sich ein
berühmtes, zu Beginn des 5. Jahrhunderts von
dem gleichnamigen Mönch gegründetes Klos-
ter erhebt. Das Leben des heiligen Honorat
wurde im 14. Jahrhundert von dem Mönch
Raymond Féraud in provenzalischen Versen
niedergeschrieben, jedoch nicht ohne die
Wirklichkeit mit einer Legende auszuschmü-
cken. Die Insel Sainte-Marguerite, das antike
Leros, erhielt ihren Namen von einer kleinen
Kapelle, die die Kreuzfahrer im 12. Jahrhundert zu Ehren der heiligen Margareta (Marina)
von Antiochien errichteten. Nun gehörte nicht
viel Fantasie dazu, bis Féraud aus jener heiligen Marguerite die innig geliebte Schwester
des Klostergründers Saint Honorat und die
Äbtissin eines auf der Ile Sainte-Marguerite er-
bauten Klosters machte. Doch damit nicht genug: Der Klerus verfügte bösen Willens, dass
die heilige Marguerite ihren Bruder nur ein
einziges Mal im Jahr besuchen dürfe – und
zwar zur Mandelblüte. Darauf betete die Äbtissin zu Gott, er möge jeden Monat einen anderen Mandelbaum blühen lassen.

»Der wachende Baum«

Innerhalb der großen Familie der Rosazeen gehört der Mandelbaum zur
Gattung *Prunus*, unter die alle Bäume fallen, deren Früchte einen einzelnen
Stein tragen. Sie teilt sich in mehrere Untergruppen: *Cerasus* (Kirschbäu-
me), *Euprunus* (Pflaumenbäume), *Armeniaca* (Aprikosenbäume) und *Amy-
gladus* (Pfirsich- und Mandelbäume). Alle Sorten haben fünfblättrige, ein-
ander sehr ähnliche Blüten, deren Stempel nach der Blüte anschwillt und
eine unterschiedlich feste und saftige Steinfrucht ausbildet. Sie umschließt
einen Steinkern mit holziger Schale, dessen Samen in den meisten Fällen
ein giftiges Amygdalin enthält. Das ihn umgebende Fruchtfleisch bildet den
essbaren Teil der Steinfrucht, mit Ausnahme der Mandel, bei der nur der
Samenkern genießbar ist.

Mandel- und Pfirsichbaum gehören zur gleichen Untergattung; ihre Ähnlichkeit ist unübersehbar. Sie haben beide schlanke, lanzettförmige und ge-
krümmte Blätter und auch ihre flaumbedeckten Früchte zeigen Ähnlichkei-
ten, doch nur der Pfirsich liefert das so beliebte saftige Fruchtfleisch. Der
Mandelbaum erreicht eine maximale Höhe von zwölf Metern und gedeiht
am besten in mediterranem Klima. Er braucht Wärme und Trockenheit im
Sommer, verträgt jedoch auch etwas trockene Kälte. Seine kräftigen Pfahlwurzeln sind lang und durchdringen hartnäckig jeden Boden. Nicht mal
größte Trockenheit oder steiniger Grund können sie aufhalten. Der Stamm
besonders älterer Exemplare ist dunkel, rissig und manchmal auch ge-
wunden. Auf dieser runzeligen Rinde geschieht Jahr für Jahr das Wunder der Mandelblüte, manchmal bereits im Februar oder März, was die zarten Blüten besonders anfällig für morgendlichen Frost
macht. Die meisten Mandelbaumsorten benötigen zur Bestäubung die Hilfe von Insekten, in erster
Linie Bienen. Die Früchte bilden sich im Laufe des Frühlings aus und erreichen Anfang Juli die halbe Reife. Ihre blassgrüne, ins Grau gehende Farbe ist so charakteristisch, dass sie im Französischen
den Begriff »vert amande« – Mandelgrün – geprägt hat. Die Frucht ist in diesem Stadium samtig,
länglich und am Stielende leicht verdickt. Der Mesokarp (die Fruchtwand) ist dünn, jedoch hart und
bitter. Er hat eine Naht, die vom Stiel bis zur Spitze verläuft, und umschließt einen holzigen, hellbraunen, harten Kern mit kleinen Vertiefungen, der einen, gelegentlich auch zwei Samen enthält.
Die Samen sind mit einer hellbraunen Membran, der Samenschale, umschlossen, die sich in diesem
Reifestadium leicht ablösen lässt. Dagegen haftet sie an der ausgereiften, getrockneten Mandel

Der Schnee der Algarve

Nur selten fällt Schnee im Süden Portugals, in der Algarve, doch wenn es schneit, dann sind es meistens Blüten. Die Blüten unzähliger Mandelbäume, die das Land überziehen. Um sie rankt sich eine alte Legende: Als die Mauren den Süden Portugals beherrschten, verliebte sich ein muslimischer Prinz in eine skandinavische Prinzessin. Die ersten Ehejahre verliefen glücklich, doch mit der Zeit verfiel die Prinzessin in eine tiefe Melancholie. Schließlich gestand sie ihrem Ehemann, sie vermisse den Schnee in ihrem Heimatland. Um sie zu trösten, bepflanzte der Prinz die gesamte Region mit Mandelbäumen. Als sie im Februar zum ersten Mal blühten, zeigte er sie seiner staunenden Ehefrau, die glaubte eine endlose Weite Schnee zu sehen. So verschwand ihre Traurigkeit und kehrte nie wieder zurück. Und fortan blickte die Prinzessin jedes Frühjahr aufs Neue über eine »verschneite« Landschaft.

so fest, dass man sie zum Entfernen blanchieren muss. Die frische Mandelfrucht zu Beginn des Sommers wird am meisten geschätzt, auch wenn man zunächst den Mesokarp, dann die Schale und zuletzt vorsichtig die braune Membran entfernen muss, um die Mandelkerne freizulegen. Ihr Fleisch ist weißlich, knackig und im jungen Stadium leicht käsig. Im Herbst, wenn die Frucht ausgereift ist, ist der Mandelkern trocken. Der Mesokarp verdorrt, platzt auf und legt so den Kern frei. Nun kann die Ernte erfolgen. Nicht alle Mandelsorten sind genießbar. Grundsätzlich unterscheidet man zwei Arten, die Süßmandel und die Bittermandel. Allein an den etwas kleineren Früchten ist die Bittermandel zu erkennen, die wie andere Vertreter der Gattung *Prunus* ein Amygdalin enthält, das sich in Verbindung mit Wasser in tödliche Blausäure (Zyanid) verwandelt. Die Varietäten der Süßmandel *(Prunus amygdalus dulcis)* haben sich im gleiche Maße vermehrt, wie sich ihre Kultivierung ausgebreitet hat. Ob rundlich, länglich, flach oder fleischig, jedes Anbauland hat seine eigenen Sorten. Einige Arten aus der kalifornischen Baumzucht haben sich auch in Europa durchgesetzt. Die spanischen Sorten, deren es etwa ein Dutzend gibt, werden besonders für ihre Qualität gerühmt, vor allem die *Marcona* und *Valencia*. In Italien sind rund 15 Sorten beheimatet, darunter die bekannte und hervorragend als Wiener Mandel geeignete *Avola*. In Griechenland werden noch immer mehr als 20 einheimische Varietäten kultiviert, die ursprünglich zumeist aus Kreta und von den Inseln Chios, Kea und Kythnos stammten. In Deutschland gedeihen entlang der Deutschen Weinstraße einige Mandelbäume.

Lebensraum und Anbau

Die Mandel ist mit einer Gesamtproduktion von 450 000 Tonnen geschälten Früchten pro Jahr die weltweit bedeutendste ölhaltige Trockenfrucht. Zu den Haupterzeugerländern zählen die USA, die mit 250 000 Tonnen weit vor Spanien (60 000 Tonnen) liegen, gefolgt von Italien (40 000 Tonnen) und Griechenland (16 000 Tonnen). Weitere Erzeuger sind Portugal, der Iran, Tunesien, Marokko, die Türkei und Israel. Exportiert werden Mandeln in die ganze Welt. In den Vereinigten Staaten, wohin der Baum im 18. Jahrhundert durch spanische Franziskanermönche gelangte, erwies sich zunächst das feuchte Klima der Westküste als nicht sehr verträglich. Erst der Anbau im trockeneren kalifornischen Hinterland brachte den gewünschten Erfolg. Heute erstrecken sich rund um das Central Valley die größten Mandelhaine Nordamerikas.

Spät blühende Sorten sind generell ertragreicher und werden deshalb bevorzugt. Vor der Ernte im September wird der Grund sorgfältig gejätet; der Boden muss eine ebene, mit Gras bewachsene Fläche sein. Dann werden die Zweige mit Rüttelmaschinen geschüttelt, so dass die reifen Früchte herabfallen. Die Kerne werden so schnell wie möglich aus der Fruchthülle gelöst und getrocknet. Dann werden sie entweder maschinell geschält oder in der Schale verkauft. In den Handel gelangen sie in allen erdenklichen Formen: mit Schale, als ungeschälte oder geschälte ganze Kerne, gestiftet, gehackt, als Blättchen, in Pulverform – ganz zu schweigen von den zahllosen Folgeprodukten, wie Marzipan, Turron, Kleingebäck, Kuchen, Nougat, Pralinen, Mandelbutter, Zuckermandeln und nicht zu vergessen das naturbelassene süße Mandelöl, das in der Apotheke für verschiedene medizinische und kosmetische Anwendungen erhältlich ist, und das Speiseöl, dass aus leicht gerösteten Mandeln extrahiert wird.

Therapeutische Wirkungen und Anwendungen

Der Nutzen des süßen Mandelöls für die Körperpflege, Kosmetik und Gesundheit ist unbestritten. Es ist eines der wenigen Öle, das in jedem Arzneischrank vorhanden sein sollte, vor allem zur Babypflege. Es zieht schnell in die empfindliche Haut des Säuglings ein, reinigt, schützt und löst Milchschorf. Auch in der Kosmetik kommt Mandelöl von Europa über Indien bis nach China und rund um den Erdball zum Einsatz: Schönheitscremes, Seifen, Gesichtsmasken, Haarpackungen ... Reinigungscremes und Peelings für das Gesicht basieren häufig auf einem alten Schönheitsrezept, bei dem fein gemahlenes Mandelpulver mit Mandelöl und Honig vermischt wird. Die ayurvedische Medizin verwendet Mandeln und ihr Öl als wirksames Stimulans der mentalen Funktionen, besonders des Gedächtnisses. Außerdem gelten sie als Aphrodisiaka und sollen die Sehkraft stärken. Der Genuss des Öls stärkt den Organismus. Darum empfiehlt man einer jungen Mutter, jeden Tag acht geschälte und in geklärter Butter gerötete Mandeln mit einem Teelöffel Honig zu sich zu nehmen, um wieder zu Kräften zu kommen. In

Die Mandorla

Dieser ovale, an den Enden spitz zulaufende Glorienschein, dessen Name auf das lateinische *amandula,* Mandel, zurückgeht, diente in der christlichen Ikonografie des Mittelalters zur Darstellung heiliger Figuren. Doch findet man die Mandorla auch in anderen Religionen, so zum Beispiel in der buddhistischen Kunst. Auf Gemälden, in der Miniaturmalerei und in der Bildhauerei ist die Aureole häufig in Form einer aus zwei Halbkreisen bestehenden Mandel ausgeführt. Die sich überschneidenden Kreise symbolisieren die Einheit zwischen Himmel und Erde, die Versöhnung der Dualität von Geist und Materie. In den frontalen Darstellungen dient die Mandorla Christus, der heiligen Jungfrau und anderen Heiligenfiguren als Thron. Als Heiligenschein um die Christusfigur ist sie ebenso Motiv und Ausdruck für die Majestas Domini, die »Herrlichkeit des Herrn«, wie eine Erinnerung an die »unbefleckte Empfängnis« und ein Symbol für die »erneute Niederkunft«, durch die die Gläubigen den Weg zu Gott finden sollen. Die Mandorla ist außerdem eine Stilisierung des mystischen Nimbus, der spirituell hochstehende Figuren umgibt – die Jungrau Maria, Heilige, Bodhisattwa. Die esoterische Ikonografie macht ebenfalls reichlich Gebrauch von der Mandorla, nicht nur auf alchimistischen Darstellungen, sondern auch im Tarot, wo sie auf der Karte 21 (Die Welt) die universelle Seele umgibt, die als Figur im Himmelstanz dargestellt ist.

Mandelöl mit Lavendel

In eine Flasche mit 300 Milliliter Fassungsvermögen frische junge Lavendelblüten füllen und vollständig mit süßem Mandelöl bedecken. Den Ölauszug 12 Stunden in der Sonne und anschließend über Nacht an einem lauwarmen Ort ziehen lassen. Am nächsten Tag die Flasche für weitere 12 Stunden in die Sonne stellen. Das Öl filtern und verschlossen an einem dunklen Ort aufbewahren: für Massagen und zum Einreiben nach dem Baden.

Einige indische Anwendungen

Für schönes Haar und gegen Haarausfall: Mandelöl und Olivenöl im Verhältnis 1:1 vermengen. Die Haare und die Kopfhaut mit der Ölmischung einreiben, ein Handtuch um den Kopf wickeln und 20 Minuten einwirken lassen. Die Haare anschließend waschen.

Mildes Gesichtspeeling: Sehr fein gemahlenes Mandelpulver mit etwas Honig, gemahlenem Kurkuma und Mandelöl vermengen. Ein wenig Zitronensaft hinzufügen und die Mischung auf das Gesicht auftragen, aber nicht zu fest einreiben. 1 Minute einwirken lassen und anschließend mit lauwarmem Wasser abspülen.

China wird Mandelöl wegen seiner leicht schmerzlindernden Wirkung und als Mittel gegen Muskelverspannungen geschätzt. Bereits im 1. Jahrhundert unserer Zeitrechnung empfahl der griechische Arzt Dioscorides Mandelöl gegen entzündliche Erkrankungen des Verdauungsapparates, als Mittel gegen Würmer und zur Behandlung von Bronchitis, Dermatosen und Hautirritationen. Außerdem wirkt es leicht abführend und unterstützt die Heilung oberflächlicher Verbrennungen. Heute wird süßes Mandelöl in der Kosmetik und in der Dermatologie wegen seiner entzündungshemmenden Wirkung eingesetzt. Da es ein hervorragendes Mittel zur unterstützenden Regeneration der Epidermis ist, wird es auch bei bestimmten Formen von Psoriasis (Schuppenflechte) angewandt. Mandelöl ist zudem reich an Vitamin E (33 Milligramm pro 100 Gramm), Vitamin B und PP (Niazin). Es hat einen großen Anteil einfach ungesättigter Fettsäuren (Ölsäure). Mit einem Anteil von 28 % ist es ebenfalls reich an mehrfach ungesättigten Fettsäuren (Linol- bzw. Linolensäure). Dank dieses ausgeglichenen Verhältnisses wirkt es herzschonend und cholesterinsenkend. Schließlich ist Mandelöl auch reich an wertvollen Mineralien: Kalium (800 Milligramm pro 100 Gramm), Phosphor (470 Milligramm), Magnesium (254 Milligramm) und Kalzium.

Aroma und Geschmack

Hinter dem kräftigen Röstgeschmack erweist sich das Aroma des Mandelöls aus gerösteten Ölsaaten als überraschend frisch. Sein runder, feiner und dennoch unverkennbarer, sehr konstanter Geschmack erinnert an braune Butter, geröstete Brioche und alten oxydierten Weißwein. Er ist mäßig lang anhaltend, wird aber in Verbindung mit anderen Speisen umso nachhaltiger. Wie Arganöl braucht Mandelöl einen Träger, eine Art geschmacklichen Katalysator, um sein Aroma voll zu entfalten. Dann aber erweist es sich von außerordentlicher Fülle und als eines der edelsten und erlesensten Speiseöle überhaupt.

Mandeln und ihr Öl kulinarisch

Mandeln sind weniger empfindlich und werden langsamer ranzig als andere Ölsaaten (Walnüsse, Pekannüsse, Pinienkerne...), dennoch erfordern sie nicht weniger Sorgfalt bei der Aufbewahrung. Mandeln halten sich in der Schale mit etwa einem Jahr natürlich erheblich länger als die bereits ausgelösten Kerne. Die Mandelkerne sind in der dünnen braunen Samenschale bis zu sechs Monate

Mandeln schälen

Die Mandeln 1 Minute in kochendem Wasser blanchieren und anschließend in lauwarmem Wasser abschrecken. Nun lässt sich die braune Haut mühelos mit den Fingern vom Kern lösen. Die geschälten Mandeln trocknen – das geht am schnellsten im mäßig warmen Backofen – und je nach gewünschter Verwendung hacken, stifteln, zermahlen oder zu einer Paste verarbeiten.

lagerfähig, in geschältem Zustand sind sie maximal drei Monate haltbar. Gehackte oder gestiftelte Mandeln sollten innerhalb von zwei Monaten verbraucht werden. Bei gemahlenen Mandeln verkürzt sich die Haltbarkeit sogar auf nur einen Monat, zumal das Verpackungsdatum nicht immer klar ersichtlich ist. Damit nichts von ihrem köstlichen Aroma verloren geht, sollte man vorzugsweise ungeschälte Mandeln kaufen, die man je nach Bedarf erst vor der Verarbeitung schält. Auch Bittermandeln sind trotz der in ihnen enthaltenen Giftstoffe nicht ganz ohne kulinarisches Interesse. Durch Erhitzen von ihrem Gift befreit, dienen sie zur Herstellung eines Alkoholauszugs, der als Mandelessenz verkauft wird und gering dosiert beim Backen und in der Zuckerbäckerei zum Einsatz kommt. Er wird auch zum Aromatisieren von Likören, für Aperitifs und Kleingebäck verwendet, Spezialitäten, für die vor allem die Italiener bekannt sind: Amaretto, kleine, Amaretti genannte Makronen und der Marsala mandorlato mit Mandelaroma.

Doch auch bei allen Zubereitungen mit Süßmandeln empfiehlt es sich nach altem Brauch, einen geringen Anteil Bittermandeln zuzugeben, um das Mandelaroma zu unterstreichen. Dies ist bei Produkten wie Marzipan, Mandelsirup und einigen industriell gefertigten Backwaren eine gängige Praxis. »Schmeichelt jedem Gaumen« – dieser alte Werbespruch scheint dem süßen Mandelöl wie auf den Leib geschrieben. Sein zartes Aroma von außerordentlicher Finesse wird überall geschätzt und harmoniert sowohl mit süßen als auch mit würzigen Speisen. Es ist ein hervorragendes Würzöl, ideal für den anspruchsvollen Gaumen, der einmal eine Abwechslung vom notorischen Olivenöl möchte, dem Walnussöl aber zu rustikal, Haselnussöl zu kräftig, Arganöl zu aufdringlich und Rapsöl zu schwefelig ist. Es kennt so gut wie keine Kontraindikationen und verträgt sich mit allen Salaten, jedem Gemüse und jedem Fisch. In der indischen Küche wird es gern zum Braten verwendet. Bombay Duck, eine Spezialität aus einer Art getrocknetem fliegendem Fisch, wird beispielsweise mit Curry, verschiedenem Gemüse und Gewürzen in süßem Mandelöl gebraten. Die chinesische Küche verwendet für einige Hühnchen- und Entengerichte ebenfalls Mandelöl. Besonders bei Zubereitungen mit Ente oder Entenleber hat sich Mandelöl immer wieder als idealer Partner bewährt.

Bittermandeln

Die Medizin hat die Bittermandel zwar nicht mit Missachtung gestraft, musste ihr jedoch wegen der enthaltenen Blausäure mit Vorsicht begegnen. Die für den Menschen tödliche Dosis Blausäure entspricht etwa 50 Bittermandeln. Bittermandelsalbe dient zur Behandlung von Ekzemen, Migräne sowie von rheumatischen Beschwerden. Glaubt man den ersten nordamerikanischen Kolonisten, so fördert der Genuss von fünf Bittermandeln die Trinkfestigkeit. Und einen Schluckauf kuriert man angeblich, indem man einige Minuten auf einer Bittermandel kaut.

Krabben-Avocado-Ravioli
mit süßem Mandelöl

Für 4 Personen
Vorbereitung 35 Minuten
Garzeit 20 Minuten

Grobes Salz • 1 Bouquet garni • 1 Taschenkrebs von etwa 1,2 kg (entspricht 300 g frischem ausgelöstem Krabbenfleisch) • 1 grüne Zitrone • 9 EL süßes Mandelöl • 3 EL Schnittlauchröllchen • Salzblüte und Pfeffer aus der Mühle • 2 nicht zu reife Avocados • 1 TL abgeriebene Schale von einer unbehandelten Orange

♦ Eine Court-Bouillon zubereiten: Wasser, eine Hand voll grobes Salz und das Bouquet garni in einem großen Topf zum Kochen bringen. Den Taschenkrebs hineingeben, die Bouillon erneut zum Kochen bringen und den Krebs 15–20 Minuten garen. Den Krebs weitere 10 Minuten in der Brühe ziehen lassen, abtropfen lassen und das Fleisch auslösen.

♦ Die Zitrone auspressen. In einer Schüssel sechs Esslöffel Mandelöl, den Zitronensaft und die Schnittlauchröllchen verrühren, salzen und pfeffern. Das ausgelöste Krabbenfleisch hineingeben und alles sorgfältig vermengen.

♦ Die Avocados schälen, entsteinen und in große, dünne Scheiben schneiden. Auf jeden Teller eine Avocadoscheibe legen und mit je zwei Esslöffeln Krabbenfleisch garnieren. Mit einer weiteren Scheibe Avocado bedecken und mit etwas Vinaigrette beträufeln.

♦ Die »Krabbenravioli« vor dem Servieren mit dem restlichen Mandelöl überziehen, mit der abgeriebenen Orangenschale bestreuen und mit Salzblüte und Pfeffer aus der Mühle abrunden.

Tipp

Ein Taschenkrebs oder ein Hummer ist einfacher auszulösen, solange das Fleisch noch warm ist, weil es dann nicht so sehr am Panzer haftet.

Rezept von Pascal Barbot, Restaurant *L'Astrance*, Paris

Tapenade aus grünen Oliven mit süßem Mandelöl und Zitronen-Confit

Für 4 Personen
Vorbereitung 10 Minuten
Wässern 1 Stunde

25 g Kapern in Salzlake • 1/2 in Salz eingelegte Zitrone • 1 Knoblauchzehe • 400 g entsteinte grüne Oliven • 7 EL süßes Mandelöl • geröstetes Landbrot zum Servieren

♦ Die Kapern in ein Sieb geben, in eine mit kaltem Wasser gefüllte Schüssel setzen und 1 Stunde wässern. Zwischendurch das Wasser immer wieder wechseln. Die Schale der eingelegten Zitrone in feine Würfel schneiden. Den Knoblauch abziehen und entkeimen.
♦ In einem Mörser die abgetropften Kapern, die entsteinten Oliven und den Knoblauch zu einer Paste zermahlen. Nach und nach das süße Mandelöl zugeben und gründlich verrühren. Die Zitronenwürfel gleichmäßig unterrühren, die Tapenade in ein fest verschließbares Gefäß füllen und im Kühlschrank durchkühlen lassen.
♦ Auf geröstetem Bauernbrot oder zu einem Kartoffelsalat servieren.

Tipp

Der Geschmack der Tapenade hängt von der Qualität der Oliven ab. Die grünen Picholines sind am besten für dieses Rezept geeignet, allerdings muss man sie entsteinen. Wenn Sie keine eingelegten Zitronen finden, nehmen Sie einfach eine unbehandelte Frucht mit dicker Schale. Die Schale mit einem Sparschäler abschälen und 5 Minuten in kochendem Salzwasser blanchieren. Das Aroma ist zwar weniger intensiv als das einer eingelegten Zitrone, aber nicht minder köstlich. Die Tapenade hält sich im Kühlschrank etwa einen Monat lang. Bedecken Sie die Oberfläche zur Aufbewahrung mit einer dünnen Schicht Mandelöl.

Erdbeeren mit Walderdbeeren-Coulis und süßem Mandelöl

Für 4 Personen
Vorbereitung 10 Minuten
Kühlzeit 30 Minuten

500 g Erdbeeren • 250 g Walderdbeeren • 2 EL brauner Zucker • 2 EL süßes Mandelöl • 1 EL Balsamico-Essig • Saft von 1/2 Zitrone • Pfeffer aus der Mühle • 2 EL gestiftelte Mandeln

♦ Die Erdbeeren und Walderdbeeren vorsichtig waschen und trockentupfen. Die Walderdbeeren in der Küchenmaschine ganz fein pürieren und dabei nach und nach einen Esslöffel Zucker, das Mandelöl und den Balsamico-Essig einarbeiten. Die Coulis in den Kühlschrank stellen.

♦ Die Stielansätze der Erdbeeren entfernen. Ein paar Früchte mit Stielen zum Garnieren zurückbehalten. Die Früchte mit dem Zitronensaft beträufeln, leicht pfeffern und mit dem restlichen Zucker bestreuen. Kalt stellen.

♦ Kurz vor dem Servieren die Mandelstifte in einer beschichteten Pfanne ohne Fett 2 Minuten rösten. Die Erdbeeren auf tiefe Dessertschalen verteilen und mit der Walderdbeeren-Coulis bedecken. Mit den gerösteten Mandelstiften bestreuen und sofort servieren.

Tipp

Erdbeeren sind empfindliche Früchte, die nach dem Pflücken nicht mehr nachreifen. Wählen Sie möglichst feste Beeren mit kräftiger Farbe. Walderdbeeren sind noch empfindlicher. Sie vertragen weder im Kühlschrank noch bei Raumtemperatur Wartezeiten von mehreren Stunden. Sie sollten sie daher erst unmittelbar vor Gebrauch kaufen.

Olivenöl ist wie flüssiges Gold. Es ist ein wichtiges Kulturerbe und offenbart eine ungeahnte Geschmacksvielfalt. Trotz seines sehr ausgeprägten Charakters ist es universell einsetzbar. Es ist äußerst schmackhaft, pflegt die Haut, wirkt wie Balsam für die Leber und den gesamten Organismus – ein Allheilmittel, das schon immer als Segen des Himmels und ewiges Geschenk der Götter des Olymp galt.

Olivenöl

Flüssiges Gold

»Gott ist das Licht im Himmel und auf Erden. Sein Licht ist wie ein Spalt in der Mauer […] Es wird mit dem Öl eines gesegneten Baumes, des Ölbaumes, entzündet, der weder aus dem Orient noch aus dem Okzident stammt«, heißt es im Koran. Heiligkeit, Reinheit, Licht, Frieden, Toleranz, Zivilisation, Kultur, Reichtum, Weisheit, Güte …, der Ölbaum verkörpert sämtliche Werte und Tugenden, die das Schicksal eines Volkes begünstigen. »Der Ölbaum ist neben der Weinrebe und dem Weizen das Symbol der mediterranen Kulturen schlechthin«, so der griechische Autor und Botschafter Vassilis Vassilikos in seiner Rede vor der UNESCO am 11. April 2003, mit der er das Projekt »Les Routes de l'Olivier« (Auf den Spuren des Ölbaums) ins Lieben rief. Ganz im Geiste der Sage um den legendären Ölbaum der Athene und seinen göttlichen Auftrag ist der Ölbaum noch heute ein universelles Symbol des Friedens und der Versöhnung. In den Städten und Häfen rund um das Mittelmeer ist Olivenöl ein nicht wegzudenker Bestandteil des kulturellen Erbes. Die Anbaumethoden und Pressverfahren haben sich über die Jahrhunderte vielerorts kaum verändert. Von Spanien bis in die Türkei findet man die mannshohen Tonamphoren, in denen das Öl in Gewölben gelagert wurde. Bei Ausgrabungen auf Kreta entdeckte man Exemplare dieser tönernen Riesen aus der Zeit um 3500 v. Chr. In jüngerer Vergangenheit trug Olivenöl als Ware im Tauschhandel gegen andere Lebensmittel zu einer Fusion der Regional- und Länderküchen bei. So gelangten auf portugiesischen und italienischen Schiffen Fässer mit Klippfisch und Stockfisch im Austausch gegen Olivenöl nach Lissabon,

Neapel und Nizza. Für den Süden ist Olivenöl Ausdruck und Grundstoff seiner Lebensart, im Norden ist es so etwas wie die importierte flüssige Essenz der Sonne. Schon Homer pries das Öl in seinen epischen Gesängen. Mit wohlriechenden Essenzen versetzt, diente es den Geschöpfen des antiken Dichters als duftendes Elixier, mit dem sie sich nach dem Bad einrieben, um es anschließend wie Gold und kostbare Kleider im Verborgenen ihrer Kammern zu verwahren.

Der Baum des Friedens

Die Kultur des Ölbaums begann rund 4000 v. Chr. Einige Experten geben seine Herkunft mit Kreta, andere mit dem alten Phönizien an. Ägyptische Wandmalereien belegen die Existenz von Olivenkulturen am Nil bereits im 3. Jahrtausend vor unserer Zeitrechnung. Der Baum breitete sich vom Nahen Osten nordwestlich in den Mittelmeerraum aus. Die Griechen brachten ihn zunächst in das heutige Südfrankreich. Die Römer trieben seine Verbreitung im Dienste ihrer Interessen weiter voran, indem sie den eroberten Völkern versprachen, sie an den Erträgen aus dem Anbau des gewinnträchtigen neuen Produktes zu beteiligen. Ihre Rechnung sollte aufgehen. Für die meisten ist ein Olivenbaum *(Olea europaea)* ein bekannter Anblick. Er wird selten größer als 15 Meter und ist von erstaunlicher Langlebigkeit. Innerhalb der Familie der Oleazeen gehört die Olive zur Gattung der Olea, die sich in zwei Unterarten teilt: den wilden Ölbaum *(Olea europaea sylvestris)*, der bereits seit mindestens 14 000 Jahren existiert, und den Kulturölbaum *(Olea europaea sativa)*. Die zahlreichen Varietäten des Ölbaums sind je nach Bestimmung der Früchte als Tafeloliven, zur Ölgewinnung oder für mehrere Zwecke klassifiziert. Die kräftigen Wurzeln des Baums bilden unter der Erde ein dichtes Netz, das sich von einem holzigen Stock aus verzweigt. Es formt einen bauchigen Stumpf, der besonders bei sehr alten Bäumen riesige Ausmaße annehmen kann und durch Ausfaulung einen tiefen Hohlraum bildet. Das harte, schwere und dichte Holz ist rötlich braun, von schöner, geschwungener Maserung und darum in der Kunsttischlerei sehr geschätzt. Schon Herkules kannte die Vorzüge des Olivenholzes und fertigte seine Keule daraus. Der Stamm und die Äste sind mit einer silbrigen, runzeligen

Der Ölbaum der Athene

Bei der Entstehung der Welt teilten sich die Götter des Olymp das Gebiet Griechenlands. Poseidon, der Gott des Meeres, und Athene, die Göttin der Weisheit, stritten sich um Attika – vor allem, wer künftig die neue Stadt Athen schützen sollte. »Macht der Menschheit ein Geschenk, und wir werden sehen, welches sich als das nützlichere erweist«, schlug Zeus vor. Auf dem Hügel der späteren Akropolis schlug Poseidon mit seinem Dreizack auf einen Felsen. Aus ihm stieg ein Pferd empor, das schnelles Reisen, Kriege und Schlachten ermöglichte. Athene hingegen berührte einen Klumpen Erde, aus dem ein ewiger Baum spross, der den Menschen Nahrung, Heilung und Reinigung spendete. Die Athener erklärten die Gabe der Göttin der Weisheit als die nützlichere, und so wurde Athene die Polias, die Schützerin des antiken Athen. Alle Olivenbäume auf der Akropolis gelten seither als Abkömmlinge jenes ersten göttlichen Ölbaums (nahe dem Erechtheion-Tempel), den man lange Zeit wie einen Schatz bewahrte. Seit jener fernen Zeit ist der Olivenbaum ein Symbol des Friedens und der Zivilisation. Wie Athene verkörpert er die Weisheit, die Ordnung in das Chaos bringt.

Der ewige Baum

Die Lebensdauer des Ölbaums bemisst sich in Jahrhunderten, ja Jahrtausenden. In Tavira an der Algarve (Portugal) ist ein mehr als 2000 Jahre altes Exemplar zu sehen. Fünf Personen mit ausgestreckten Armen sind nötig, um den mächtigen Stamm zu umfassen. Er umschließt einen Hohlraum von 1,30 Meter im Durchmesser. Diese prächtigen, urwüchsigen und knorrigen Gestalten sind die ältesten lebenden Geschöpfe Europas. Man findet sie vor allen in den Mittelmeerländern, besonders in Griechenland.

Rinde überzogen. Die kreuzgegenständig angeordneten, immergrünen Blätter haben eine Lebensdauer von drei Jahren. Ihre Oberseite ist dunkelgrün, die Unterseite hellgrau, so dass der allgemeine Farbeindruck je nach Alter des Baums, Standort und Wetterlage von Graugrün bis ins Graublau wechselt. Tatsächlich spiegelt kein Baum so eindrucksvoll die Launen des Wetters wider wie die Krone des Olivenbaums. Ihr zartes, bewegliches Laubwerk erzittert beim leisesten Windhauch und schillert in den schönsten Silbertönen. Bei Windstille unter praller Sonne ist es matt und glanzlos, wie in sich gekehrt. Bei bedecktem Himmel färbt es sich bläulich und erinnert an die Farbe von Zinn. Ein Olivenhain im Wind aus der Ferne ist ein wunderschöner Anblick. Wie ein Weizenfeld wogen die Blätter und erzeugen dabei ein irisierendes Schillern in sämtlichen Silber-, Grün- und Goldtönen. Im März und April, wenn die Brise den Duft von Blüten herüberweht, eine Mischung aus Maiglöckchen und jungem Olivenöl, ist dieses Schauspiel besonders bezaubernd.

Der Ölbaum gedeiht in heißen, trockenen Zonen. Seine Verbreitung am Mittelmeer beschränkt sich auf einen relativ schmalen Streifen entlang der Küste. Er wächst selten weit vom Meer entfernt und nie über 700 Meter Höhe. Genutzt wird fast der gesamte Baum. Seine Früchte und ihr Öl werden gegessen, die Rinde und die vertrockneten Zweige dienen als Brennstoff und auch das Holz wird verarbeitet. Die zu Pulver zermahlenen Olivensteine wandern in die Öfen der Bäckereien, um beim Backen das Anhaften des Brotes zu verhindern. Früher wurden auch die Blätter als fiebersenkendes und entzündungshemmendes Mittel sowie gegen Migräne und Warzen genutzt.

Lebensraum, Anbau und Verarbeitung

Gegenwärtig werden weltweit etwa 805 Millionen Olivenbäume kultiviert, davon rund drei Viertel im Mittelmeerraum, auf die folglich der größte Anteil der jährlichen Ölproduktion entfällt (mehr als 91 % im Zeitraum 2001/2002) – ein Beleg, wie sehr die Kultur des Ölbaums historisch im Mittelmeerraum verwurzelt ist. Der Löwenanteil der 600 Millionen dort beheimateten Ölbäume fällt auf Spanien und Italien mit einem Anteil von 50 bzw. 21 % an der weltweiten Ölproduktion. Es folgen Griechenland (13 %), Syrien (3 %), die Türkei und Marokko (je 2 %) sowie Tunesien und Algerien (1 %). Den Rest teilen sich die anderen EU-Länder und die übrige Welt. Das Gebiet der Erzeuger- und Verbraucherländer ist in etwa dasselbe, wobei Italien mit einem Anteil von 40 % und Spanien mit 32 % am weltweiten Konsum die Plätze tauschen. Große Nachfrage besteht in den USA, deren nationale Produktion in Kalifornien den Bedarf bei weitem nicht deckt. Insgesamt 7 % des weltweit

Der Kotinos

Der Kotinos ist ein Ölzweig, der in der Antike den Siegern der Olympischen Spiele verliehen wurde. Die Zweige stammten von einem wilden Ölbaum, den Herakles, der Schutzpatron der Spiele, eigens gepflanzt hatte. Seither diente der Ölzweig unzähligen Organisationen und Verbänden für den Frieden als Emblem, so zum Beispiel der IOTF, der International Olympic Truce Foundation, die für den Gedanken des olympischen Waffenstillstands eintritt. Auch das Emblem der Olympischen Spiele 2004 in Athen ist eine aus Ölzweigen gesteckte Krone. Das Symbol des Kotinos ist jedoch noch viel älter als das antike Griechenland. So erkannte Noah an dem Ölzweig im Schnabel einer Taube, dass sich das Pflanzenreich nach der Sintflut wieder erholt hatte und das Leben neu erstehen konnte.

erzeugten Olivenöls werden von den Vereinigten Staaten importiert. Der größte Teil davon stammt vermutlich wegen des großen Marktes spanisch sprechender Einwanderer aus Spanien.

Noch bis vor kurzem musste die tatsächliche Herkunft der Oliven auf dem Etikett nicht ausgewiesen werden, eine deutliche Benachteiligung der kleinen Erzeuger gegenüber den großen Marken. Qualitätsbewusste Käufer sollten unbedingt auf das für das jeweilige Land geltende Qualitätssiegel kontrollierter Herkunftsgebiete achten, AOC in Frankreich, AOP und DOP in Italien und DO in Spanien, sowie auf die genaue Region, aus der das Öl stammt (empfohlen, aber nicht obligatorisch). Unter den deutschen Bezeichnungen der Güteklassen garantieren »Natives Olivenöl extra« und »Natives Olivenöl« die beste Qualität. Grundsätzlich gilt, je genauer die Angaben auf dem Etikett, desto höher die Qualität. Die grünen Oliven werden ab Oktober, die ausgereiften violetten bis schwarzen Früchte ab November geerntet. Je nach Region dauert die Ernte bis in den Februar hinein. Die Oliven werden mit langen Stangen abgeschlagen und auf großen, unter den Bäumen ausgebreiteten Netzen oder Planen aufgefangen. Örtlich werden sie auch noch von Leitern aus per Hand gepflückt oder mit Hilfe von Rechen abgestreift. In fortschrittlicheren Gegenden erledigen Rüttelmaschinen und spezielle Sauger diese Arbeit.

Je nach Sorte, Lage, Klima, Reifegrad und einer Vielzahl anderer Faktoren produziert ein Olivenbaum zwischen 15 und 70 Kilogramm Früchte. Für einen Liter Öl benötigt man je nach Sorte und Pressverfahren vier bis sechs Kilogramm Oliven. Der durchschnittliche Ertrag liegt bei 3 000 Liter Öl pro Hektar und Jahr, wobei die Ausbeute erheblichen Schwankungen unterliegt und in guten Jahren auch die dreifache Menge erreichen kann. Die geernteten Früchte müssen möglichst rasch weiterverarbeitet werden. Lediglich die ausgereiften Oliven, die für mild-aromatische Öle bestimmt sind, lässt man einige Tage unter Luftabschluss leicht fermentieren. Bei dem traditionellen Pressverfahren werden die gewaschenen Früchte zunächst zu einem Brei zermahlen. Anschließend wird der Brei geknetet, damit er geschmeidig wird, und auf runde, aus Pflanzenfasern geflochtene Matten aufgetragen. Diese werden übereinander gestapelt und gepresst. Die mechanische Kaltpressung erzeugt eine dunkle Flüssigkeit, die dekantiert werden muss. Dabei wird das Fruchtwasser vom Öl getrennt. Die zwischen den Pressmatten verbliebenen festen Rückstände, der Öltrester, werden zuweilen unter Zugabe eines Lösungsmittels einem zweiten Pressgang unterzogen. Das Ergebnis ist ein Öl von minderer Qualität. Dieses Olaventresteröl ist im Handel allerdings kaum zu finden.

Das Dekantieren geschieht heute in der Zentrifuge, in der das Fruchtwasser sowie unerwünschte Rückstände vom Öl getrennt werden. Früher vollzog sich dieser Schritt auf ganz natürliche Weise, indem man den ausgepressten Saft einfach so lange ruhen ließ, bis sich das Öl auf dem Fruchtwasser abgesetzt hatte. Bei modernen Pressverfahren werden die Oliven in so genannten Endlossystemen zunächst in Mühlen, meist mit rotierenden Schwingrädern, zu einem Brei zermahlen. Dieser wird anschließend geknetet und mit modernen Extraktionsgeräten ausgepresst. Dann wird das Öl meist in zwei Schritten im Dekanter und in der Zentrifuge vom Trester und Fruchtsaft getrennt und abgeschieden. Ein besonders kostspieliges Verfahren, das ein Öl von außergewöhnlicher Reinheit liefert, ist die Perkolation. Dabei werden im regelmäßigen Takt Stahlblätter in den Olivenbrei eingetaucht und die an den Blättern haftende Flüssigkeit nach und nach aufgefangen. Zuletzt kann das Öl noch durch Papier gefiltert werden. Bei hochwertigen Ölen wird darauf jedoch verzichtet. Das junge, im Dezember oder Januar abgefüllte Öl ist leicht trübe und milchig. Später abgefülltes Öl ist klarer, da die Schwebstoffe mehr Zeit hatten, sich am Flaschenboden abzusetzen.

Therapeutische Wirkungen und Anwendungen

Olivenöl ist dank seines reichen Anteils an den Vitaminen E und K sowie an Ölsäure und antioxidativen Polyphenolen ein vielseitig einsetzbares Mittel für Körperpflege und Gesundheit. Nicht nur in den Mittelmeerländern gilt ein Löffel Olivenöl, auf nüchternen Magen täglich eingenommen, als altes Hausmittel zur Vorbeugung von Krankheiten. Die moderne Medizin untersucht die im Öl enthaltenen Polyphenole sogar als mögliche Wirkstoffe gegen Krebserkrankungen.

Olivenöl gilt als schonend für Herz, Kreislauf und Magen. Es fördert den Abgang von Gallensteinen und trägt wirksam zur Entschlackung von Leber und Galle bei. Es ist cholesterinsenkend und daher auch für Diabetiker geeignet. Im Gesicht angewandt, regeneriert und schützt es die Haut; in die Kopfhaut einmassiert, stoppt es Haarausfall. Die Liste der kleinen Alltagsleiden, die sich mit Olivenöl lindern lassen, ist endlos: Flechten, Schrunden, Erkrankungen des Zahnfleischs, Furunkel, Abszesse ...

Aroma und Geschmack

Zwar ist die geschmackliche Vielfalt des Olivenöls so groß wie die Zahl der Olivenbauern, doch lassen sich drei Grundgeschmacksrichtungen unterscheiden: fruchtig-herb, würzig-süß und mild-aromatisch. Fruchtig-herbes Öl hat ein frisches, grünes Pflanzenaroma, das an zerriebene Blätter erinnert und auf der Zunge ein leichtes Brennen erzeugt. Es hat eine frische, bittere und adstringierende Note, hinter der sich ein buttriger, nussiger und zugleich mentholartiger Unterton verbirgt. Auch Anklänge von Tomatenblättern, grünem Spargel, Artischocken und grünen Früchten sind erkennbar. Würzig-süßes Olivenöl erfordert bei der Verwendung etwas Umsicht und Fantasie. Es ist weniger rassig, zeichnet sich dafür aber durch ein ausgewogenes Verhältnis zwischen Süße, Bitterkeit und Säure aus. Man entdeckt zuweilen auch fruchtige Aromen sowie Anklänge von Trüffeln und Pralinees. Es ist für alle Zwecke geeignet. Mild-aromatisches Olivenöl ist durch das Fermentieren der vollreifen Früchte vor dem Pressen besonders rund im Geschmack. Es erinnert an schwarze Oliven, Brotrinde, Pilze und Lakritze. Unter diese Gruppe fallen die feinsten und vielschichtigsten Olivenöle überhaupt. Bei fortgeschrittener Fermentierung, wie bei einigen portugiesischen Ölen, können sie aber auch sehr kräftig ausfallen.

Olivenöl kulinarisch

»Einen guten Schuss Olivenöl erhitzen, den fein gehackten Knoblauch anbraten ...« Würde man aus dem Repertoire der mediterranen Küche sämtliche Rezepte streichen, die in dieser Weise beginnen, bliebe kaum etwas übrig. Rund um das Mittelmeer ist Olivenöl seit jeher das klassische Speiseöl, ideal zum Würzen und Garen. Im nördlichen Europa kursiert dagegen immer noch das weit verbreitete Vorurteil, Olivenöl sei nicht zum Kochen geeignet. Das Gegenteil ist richtig. Sein hoher Rauchpunkt von 210 °C, vergleichbar mit Erdnussöl, macht es zum Garen geradezu wie geschaffen, während Sonnenblumenöl bereits bei 170 °C und Margarine bei 140 °C zu rauchen beginnt. Nichts spricht also dagegen, Olivenöl wie auf Korsika, in Italien und Spanien auch zum Frittieren einzusetzen. Allerdings bekommen hohe Temperaturen dem Aroma des Öls nicht, besonders durch direktes Erhitzen vor dem Garen. Serge Crettenand, Koch im Genfer *Café Gourmand*, empfiehlt daher, zu einem späteren Zeitpunkt des Garprozesses bei milderer Hitze noch etwas Olivenöl zuzugeben. Auf diese Weise bewahrt es sein charakteristisches Aroma. Auf jeden Fall sollte man das Öl nicht bis zum Rauchpunkt erhitzen. Olivenöl haftet etwas Geheimnisvolles an. Wie auf eine unverzichtbare Grundlage greift man immer wieder darauf zurück. Es bringt Lebendigkeit und Glanz in die Alltagsküche, und das reiche Angebot an Ölen unterschiedlichster Herkunft hält für jeden Geschmack etwas bereit: die französischen Öle, die so vielseitig sind wie das Land; die rassigen italienischen und die fruchtigen spanischen Öle, die ausgewogenen, säurearmen Öle aus Griechenland oder die mild-aromatischen aus Portugal, Olivenöl aus Marokko und Tunesien und – nicht zu vergessen – die hervorragenden Öle aus der Türkei, die beachtlichen, fruchtig-herben Öle aus Uruguay und die zahlreichen aromatisierten Varianten (Knoblauch, Basilikum, Thymian ...).

So bleibt das ganze Aroma erhalten

»Am liebsten verwende ich Olivenöl. Ich gebe gern einen Schuss davon in eine Tomatensauce, die ich auf ganz kleiner Stufe einkoche. So kann das Öl sein volles Aroma entfalten, ohne durch den direkten Kontakt mit der Hitzequelle zu leiden. Ebenso leidenschaftlich gern verwende ich es für mediterrane Gerichte wie beispielsweise ein provenzalisches Rinderragout. Während das traditionell mit einem Hauch Orange, Knoblauch und Tomate aromatisierte Ragout leise vor sich hin schmort, gebe ich einen kräftigen Schuss Olivenöl zu. Dann rühre ich es immer wieder vorsichtig und gleichmäßig um, damit das Öl die allmählich eindickende Sauce vollständig mit seinem Aroma infiziert.«

Serge Crettenand, *Le Café Gourmand,* Genf

Karamellisierte Tomaten mit Vanille-Olivenöl

Für 4 Personen
Vorbereitung 20 Minuten
Garzeit 1 Stunde
Marinierzeit 15 Minuten

1 Vanilleschote • 200 ml würzig-süßes Olivenöl • 1 kg mittelgroße Tomaten • 6 EL brauner Zucker

◉ Die Vanilleschote der Länge nach aufschlitzen. Das Olivenöl auf etwa 120 °C erhitzen (auf keinen Fall bis zum Rauchpunkt!) und über die Vanilleschote gießen. Zusammen etwa 15 Minuten ziehen lassen. Den Backofen auf 170 °C vorheizen.

◉ Wasser in einem großen Topf zum Kochen bringen. Die Tomaten hineingeben und etwa 1 Minute blanchieren. Unter fließendem kaltem Wasser abschrecken, häuten, vierteln und das Fruchtfleisch entkernen.

◉ Die Tomatenviertel auf ein beschichtetes Backblech setzen, mit braunem Zucker bestreuen und dem Vanille-Olivenöl übergießen. Im Backofen etwa 1 Stunde backen, bis die Tomaten karamellisiert sind und leicht durchsichtig erscheinen.

◉ Die Tomaten wie kandierte Früchte, zum Beispiel mit Vanilleeis oder einem warmen Pfannkuchen servieren.

Tipp

Wenn Sie etwas in Eile sind, können Sie die Vorbereitung auch abkürzen: Die Vanilleschote längs halbieren und anschließend in kleine Stücke schneiden. Die Tomaten halbieren, auf ein Blech setzen und mit je einem Stück Vanille belegen. Mit dem Zucker bestreuen, das Olivenöl darüber gießen, im Ofen etwa 1 Stunde behutsam karamellisieren lassen (siehe Bild). Das Ergebnis ist nicht minder köstlich.

Kartoffel-Fenchel-Püree mit Olivenöl

Für 4 Personen
Vorbereitung 15 Minuten
Garzeit 20–30 Minuten

800 g Kartoffeln • 500 g Gemüsefenchel • 4 Knoblauchzehen • 150 ml pasteurisierte Vollmilch • Salzblüte und Pfeffer aus der Mühle • 150 ml fruchtig-herbes Olivenöl

🖋 Die Kartoffeln schälen. Den Fenchel putzen, schadhafte äußere Blätter sowie den Strunk entfernen und die Knollen in Stücke schneiden. Knoblauchzehen abziehen, halbieren und den unbekömmlichen Keimling entfernen. Gemüse etwa 20 Minuten dämpfen, bis es weich ist. Fenchel mit dem Knoblauch pürieren.

🖋 Die Milch erhitzen, salzen und pfeffern. In einer Kasserolle die Kartoffeln mit einer Gabel grob zerdrücken und mit dem Fenchelpüree vermengen. Auf niedriger Stufe etwa 5 Minuten wieder erhitzen und dabei nach und nach die kochende Milch unterrühren. Unter ständigem Weiterrühren portionsweise das Olivenöl zugießen und abschmecken. Das Püree bis zum Servieren im heißen Wasserbad warm stellen. Es schmeckt besonders gut als Beilage zu gegrilltem Fisch oder zu Lammragout.

 Tipp

Nehmen Sie für das Püree vorzugsweise mehlig-kochende Kartoffeln, und meiden Sie neue Kartoffeln, da ihre Struktur noch zu fest ist. Auf keinen Fall sollten Sie die Kartoffeln in der Küchenmaschine pürieren, sonst nehmen Sie eine unangenehm klebrige Konsistenz an.

Kalte Gurkensuppe mit Joghurt und Olivenöl

Für 4 Personen
Vorbereitung 10 Minuten
Entwässern 30 Minuten
Kühlzeit 30 Minuten

1 Salatgurke • Salz • 1 Bund frische Minze • 4 Becher Joghurt
• 1 TL Paprikapulver • 100 ml mild-aromatisches Olivenöl

◊ Die Gurke schälen, längs halbieren und die Kerne herausschaben. Das Fruchtfleisch mit einer Gemüsereibe grob reiben und auf einem Teller ausbreiten. Mit dem Salz bestreuen und rund 30 Minuten ziehen lassen, um überschüssiges Wasser auszuschwemmen. Anschließend gut ausdrücken und beiseite stellen.

◊ Die Minze waschen, trockenschütteln und Blättchen von den Stielen abzupfen. Den Joghurt mit der Minze, dem Paprikapulver und einer Prise Salz in der Küchenmaschine fein pürieren. Bei laufendem Gerät nach und nach das Olivenöl zugießen und 5 Minuten weitermixen, bis die Mischung homogen ist.

◊ Die geriebene Gurke in einer Salatschüssel mit der Joghurtsauce vermengen und mit Frischhaltefolie bedeckt mindestens 30 Minuten kalt stellen. Die Suppe vor dem Servieren mit einem dünnen Strahl Olivenöl und einer Prise Paprikapulver garnieren.

Tipp

Gewürzpaprika kommt zumeist aus Ungarn, wo er in verschiedenen Schärfegraden aus den getrockneten Schoten hergestellt wird. Wenn Sie es ein wenig pikanter mögen, können Sie bei dieser kalten Suppe zusätzlich mit einer großzügigen Prise Piment d'Espelette nachhelfen. Beide Gewürze sollte man luftdicht verschlossen an einem trockenen, dunklen Ort aufbewahren.

Spaghetti mit Sardinen, Croûtons und Olivenöl

Für 4 Personen
Vorbereitung 20 Minuten
Garzeit 15 Minuten

2 Dosen Ölsardinen • 4 Scheiben dunkles Weizenbrot •
4 Knoblauchzehen • 2 Tomaten • Salz • 500 g Spaghetti
• 150 ml würzig-süßes Olivenöl • 1/2 TL Piment d'Espelette •
100 g geriebener Pecorino

◊ Die Sardinen abtropfen lassen, aufklappen und die Mittelgräte entfernen. Die Filets in Stücke zerteilen und in ihrem Öl beiseite stellen. Das Brot würfeln und im Backofen bei 180 °C 5 Minuten rösten, bis es schön knusprig ist. Knoblauch abziehen (Keimling entfernen) und fein hacken. Die Tomaten halbieren, entkernen und in Würfel schneiden.

◊ Wasser in einem großen Topf zum Kochen bringen. Kurz vor dem Sieden eine großzügige Prise Salz und dann die Spaghetti hineingeben und in etwa 10 Minuten al dente, also bissfest garen.

◊ Inzwischen in einer Sauteuse zwei Esslöffel Olivenöl erhitzen und die Brotwürfel darin etwa 4 Minuten frittieren. Mit dem Piment d'Espelette würzen, die Sardinenstückchen zugeben und alles kurz erhitzen.

◊ Sobald die Spaghetti al dente sind, abgießen, abtropfen lassen und sorgfältig unter die Sardinen-Croûtons-Mischung mengen. Die Tomatenwürfel und das restliche Olivenöl zugeben, unterheben und mit etwas geriebenem Pecorino sofort servieren.

Tipp

Pecorino ist ein italienischer Schafskäse. Es gibt ihn frisch oder als getrockneten Hartkäse mit Pfefferkörnern. In der Toskana reift er in Kastanienblätter gewickelt oder mit Asche umhüllt. In Kalabrien ersetzt er den Parmesan; er wird für gefüllte, gebratene Sardellen verwendet und begleitet wie bei diesem Rezept Pastagerichte.

Gebratene Seeteufel-Medaillons mit Mango-Olivenöl-Coulis

Für 4 Personen
Vorbereitung 10 Minuten
Garzeit 10 Minuten

1,5 kg frische Dicke Bohnen • 1 mittelgroße, reife Mango •
6 EL fruchtig-herbes Olivenöl • 1 kleine, frische rote Chili-
schote • Salz und Pfeffer aus der Mühle • 600 g Seeteufel •
4 Zweige Thai-Basilikum (in Asialäden erhältlich), ersatzweise
kleinblättriges Basilikum

◗ Die Bohnen palen und in kochendem Salzwasser
4 Minuten blanchieren. Abgießen und sofort in einer
Schüssel mit Eiswasser abschrecken, um den Garprozess zu stoppen. Bohnenkerne mit einem Schaumlöffel herausnehmen, schälen und beiseite stellen.

◗ Die Mango schälen und den Stein entfernen. Das
Fruchtfleisch in der Küchenmaschine pürieren und dabei nach und nach zwei Esslöffel fruchtig-herbes Olivenöl zugeben. Die Mango-Coulis kalt stellen.

◗ Die Chili waschen, trocknen (Samen entfernen) und
fein hacken. In einer beschichteten Pfanne drei Esslöffel Olivenöl mit der gehackten Chili 3 Minuten erhitzen.
Die Bohnen zugeben und 4 Minuten garen. Salzen,
pfeffern, herausnehmen und beiseite stellen.

◗ Den Seeteufel in zwölf Stücke zerteilen, würzen und
in dem restlichen Olivenöl in derselben Pfanne 4 Minuten braten. Sobald der Fisch von allen Seiten schön

gebräunt ist, das Thai-Basilikum zugeben. Den Seeteufel mit den Bohnen angerichtet servieren und dazu die Mango-Coulis reichen.

Tipp

Seeteufel hat festes Fleisch, das präzises Garen erfordert. Es
muss angebraten werden, damit sich die Poren schließen. Andernfalls tritt der Saft aus, und das Fleisch bekommt eine tei-
gige Konsistenz. Wenn Ihnen Ihr Fischhändler die dünnen
Schwanzenden anbietet, sollten Sie unbedingt zugreifen!
Schneiden Sie die Stücke am besten mit der Mittelgräte in
Medaillons (siehe Bild).
Thai-Basilikum hat dunkelgrüne, gezackte Blätter und ist
würziger als normales Basilikum. Sein Aroma erinnert an
Anis. Als Ersatz eignet sich auch kleinblättriger Estragon, der
ebenfalls einen ausgeprägten Anisgeschmack hat.

Gegrillte, in Olivenöl eingelegte Auberginen mit Frischkäse

Für 4 Personen
Vorbereitung 10 Minuten
Garzeit 5 Minuten
Marinierzeit 1 Stunde

2 große, fleischige Auberginen • feines Salz • 2 Knoblauchzehen • 150 ml fruchtig-herbes Olivenöl • 1 TL gemahlener Paprika • 1/2 TL Kreuzkümmelsamen • 1/2 TL gemahlener Kreuzkümmel • 200 g Frischkäse aus Kuhmilch

◆ Die Auberginen waschen und abtrocknen. Den Stielansatz entfernen und die Auberginen der Länge nach in etwa 5 mm dicke Scheiben schneiden. Leicht salzen und kalt stellen.

◆ Knoblauchzehen abziehen (Keimling entfernen) und durchpressen. Knoblauch, Olivenöl und Gewürze in einer Schüssel gründlich verrühren.

◆ Den Backofengrill vorheizen. Die Auberginenscheiben auf einen Gitterrost legen und so dicht wie möglich unter dem Backofengrill von jeder Seite 3 Minuten goldbraun grillen. Die gegrillten Scheiben in einem flachen Gefäß mit dem gewürzten Olivenöl übergießen und 1 Stunde im Kühlschrank marinieren.

◆ Den Frischkäse in rechteckige Stücke teilen, mit je einer Auberginenscheibe umwickeln und mit Zahnstochern bzw. Schnittlauchhalmen fixieren.

Tipp

Die gegrillten Auberginenscheiben halten sich im Kühlschrank mehrere Tage, wenn sie immer gut mit Öl bedeckt sind. Sie können anstelle von Auberginen auch junge Zucchini nehmen oder den Käse durch Ziegenfrischkäse ersetzen.

Gefüllte Zwiebeln mit eingelegtem Ziegenkäse

Für 4 Personen
Vorbereitung 20 Minuten
Garzeit 30 Minuten

8 mittelgroße Zwiebeln • 4 Zweige frischer Thymian • 2 Knoblauchzehen • 2 halbfeste, in Olivenöl eingelegte Ziegenkäse • 1 EL Paniermehl • Salz und Pfeffer aus der Mühle • 2 EL fruchtig-herbes Olivenöl

◆ Die Zwiebeln abziehen und in einem großen Topf mit kochendem Salzwasser 3 Minuten blanchieren. Auf zwei Drittel ihrer Höhe einen Deckel abschneiden und die Zwiebeln mit einem Kugelausstecher aushöhlen. Darauf achten, dass die Außenhaut unbeschädigt bleibt. Die ausgehöhlten Zwiebeln in eine ofenfeste Form setzen und beiseite stellen. Die Deckel und das ausgelöste Fruchtfleisch zurückbehalten.

◆ Den Thymian waschen und abzupfen. Knoblauchzehen abziehen (Keimling entfernen) und fein hacken.

◆ In einer Schüssel den Ziegenkäse mit der Gabel zerdrücken. Das Zwiebelfruchtfleisch grob hacken und mit Knoblauch, Paniermehl und Thymian unter die Käsemasse rühren. Die Farce gründlich durcharbeiten und mit Salz und Pfeffer abschmecken.

◆ Den Backofen auf 210 °C vorheizen.

◆ Die Zwiebeln großzügig mit der vorbereiteten Farce füllen, den Deckel aufsetzen und mit dem Olivenöl überziehen. Im Backofen 15 Minuten schmoren, die Temperatur auf 180 °C reduzieren und weitere 15 Minuten garen. Die gefüllten Zwiebeln heiß, lauwarm oder auch kalt mit einem Rucolasalat und Frühlingszwiebeln servieren.

 Tipp

Rosa, rote oder gelbe Zwiebeln sind das ganze Jahr über auf dem Markt erhältlich. Mischen Sie ruhig die Sorten, um ein wenig mit den Farben und Aromen zu spielen!

Sardellenpaste mit Olivenöl und Rohkostgemüse

Für 4 Personen
Vorbereitung 10 Minuten
Garzeit 10 Minuten
Wässern 10 Minuten

1 Dutzend gesalzene Sardellen • 4 Knoblauchzehen • 2 EL Balsamico-Essig • 250 ml würzig-süßes Olivenöl • Salz und Pfeffer aus der Mühle • verschiedene Rohkostgemüse (z.B. wilder Spargel, Römersalat, junge Möhren, Fenchel, Tomaten, Bleichsellerie)

🔸 Die Sardellen in ein Sieb geben und unter fließendem Wasser 5 Minuten abspülen. Das Sieb in eine Schüssel mit Wasser setzen und weitere 5 Minuten wässern. Die Sardellen aufklappen und die Mittelgräte herausziehen.

🔸 Knoblauchzehen abziehen (Keimlinge entfernen) und fein hacken. Die Sardellen mit dem Knoblauch im Mixer zu einer glatten Paste verarbeiten. Dabei nach und nach den Essig und das Olivenöl einlaufen lassen. Mit sechs Umdrehungen aus der Pfeffermühle würzen.

🔸 Die verschiedenen Gemüse waschen und in mundgerechte Stücke zerteilen. Die Sardellenpaste bei milder Hitze etwa 8 Minuten erwärmen und in ein hitzebeständiges Gefäß füllen. Auf einem kleinen Rechaud servieren und dazu das vorbereitete Rohkostgemüse und geröstetes Landbrot reichen.

Tipp

Auf diese Weise zubereitet, lässt sich die Sardellenpaste als eigenständiges, vollwertiges Gericht servieren. In kleineren Mengen können Sie sie aber auch als Würzsauce für einen grünen Salat verwenden. Für dieses Rezept eignen sich ebenfalls in Olivenöl eingelegte Sardellen ohne Gräten. Dazu müssen Sie die Olivenölmenge nur entsprechend verringern. Das Entsalzen entfällt natürlich!

Jakobsmuscheln mit Kerbelrübenpüree und Olivenöl-Emulsion

Für 4 Personen
Vorbereitung 50 Minuten
Garzeit 25 Minuten

16 Jakobsmuscheln • 1 Bouquet garni • 4–5 schwarze Pfefferkörner • Salz • 2 Bund Kerbel • 700 g Kerbelrüben (oder Kerbelwurzeln) • 1 Schalotte • 1 EL Mayonnaise • Salzblüte und Pfeffer aus der Mühle • 500 ml Sonnenblumenöl zum Frittieren • 1 Eigelb • 500 ml mild-aromatisches Olivenöl • 1 Ei • 1 unbehandelte grüne Zitrone

⬥ Die Jakobsmuscheln aus der Schale lösen. Die Nüsschen (das weiße Muschelfleisch) putzen, die Bärte zurückbehalten (oder bitten Sie Ihren Fischverkäufer darum, und lassen Sie sich die Bärte mitgeben). Die Nüsschen kalt stellen. Einen Fond herstellen: Die Muschelbärte, das Bouquet garni, die Pfefferkörner und 1 Prise Salz in einen großen Topf geben, mit 1 Liter Wasser auffüllen und 15–20 Minuten kochen.

⬥ Ein Bund Kerbel waschen, trockenschütteln und hacken. 400 Gramm der Kerbelrüben schälen, die Schalotte abziehen und beides in eine Kasserolle geben, 400 Milliliter Fond durch ein Haarsieb zugießen und etwa 15 Minuten auf kleiner Stufe köcheln lassen, bis die Rüben weich sind. Das Gemüse durch ein Sieb oder ein Passiergerät streichen; das Püree abkühlen lassen. Die Mayonnaise unter die erkaltete Masse ziehen, bis das Püree von geschmeidiger Konsistenz ist, dann drei Viertel des gehackten Kerbels unterheben. Salzen, pfeffern und beiseite stellen.

⬥ In einer Sauteuse das Sonnenblumenöl auf 170 °C erhitzen. Inzwischen die restlichen Kerbelrüben schälen und in feine Scheiben schneiden. Die Kerbelchips in dem heißen Öl in 3 Minuten ausbacken. Auf Küchenpapier abtropfen lassen und salzen. Wasser in einem kleinen Topf zum Kochen bringen und das zweite Bund Kerbel darin 2 Minuten blanchieren. Den Kerbel mit 100 ml Muschelfond, dem Eigelb, Salz und Pfeffer in der Küchenmaschine pürieren. Nach und nach 400 Milliliter des Olivenöls einarbeiten, bis die Mischung emulgiert ist. Beiseite stellen.

⬥ Das Ei in 5 Minuten wachsweich kochen, pellen, hacken und mit dem restlichen gehackten Kerbel vermengen. Die Zitrone unter fließendem Wasser abbürsten, abtrocknen und die Schale mit einem Sparschäler dünn abschälen. Die Frucht auspressen. Zwei große Esslöffel Olivenöl mit dem Zitronensaft und den Zesten verrühren, salzen und pfeffern und die Vinaigrette über die Kerbel-Ei-Mischung gießen.

⬥ Kurz vor dem Servieren das restliche Olivenöl in einer Pfanne erhitzen. Die Jakobsmuscheln von jeder Seite etwa 2 Minuten braten, bis sie gerade etwas Farbe angenommen haben. Salzen und pfeffern. Die Muscheln mit etwas kaltem Kerbelpüree anrichten und mit dem Kerbel-Ei und den Chips garnieren. Mit etwas kalter Kerbelemulsion umgeben und sofort servieren.

Rezept von Stéphane Duchiron, *Au bon accueil,* Paris.

Avocadocreme mit Zitronenkraut und Olivenöl

Für 4 Personen
Vorbereitung 10 Minuten
Garzeit etwa 25 Minuten
Kühlzeit mindestens 30 Minuten

1 TL Harissa • 100 ml fruchtig-herbes Olivenöl • 1 Stängel Zitronengras • 2 grüne Zitronen • 6 Avocados • Salz und Pfeffer aus der Mühle
Für die Gemüsebrühe: 1 Lauchstange • 1 Karotte • 1 Zwiebel, gespickt mit 1 kleinen Nelke • 1 kleines Bouquet garni • 4–5 Pfefferkörner • 1 TL grobes Salz

💧 Für die Brühe den Lauch putzen, waschen und in Stücke schneiden; die Karotte schälen und ebenfalls in Stücke schneiden. Das Gemüse zusammen mit allen anderen Brühezutaten in einen Topf geben, einen Liter Wasser zugießen und zum Kochen bringen. Die Brühe etwa 20 Minuten kochen lassen, durch ein Sieb streichen und beiseite stellen.

💧 Die Harissa mit dem Olivenöl vermengen und ebenfalls beiseite stellen.

💧 Harte Außenblätter des Zitronengrases entfernen und Stängel in Stücke schneiden. In einer Kasserolle einen halben Liter Gemüsebrühe zum Kochen bringen und die Zitronengrasstücke hineingeben. Zugedeckt etwas ziehen und die Brühe erkalten lassen.

💧 Die Zitronen auspressen, die Avocados schälen und entsteinen. Avocados mit dem Zitronensaft und der Olivenöl-Harissa-Mischung in der Küchenmaschine zu einer glatten Paste pürieren und die durchgesiebte, erkaltete Brühe zugeben. Die Avocadocreme abschmecken und bis zum Servieren in den Kühlschrank stellen. Mit geröstetem Pita- oder Fladenbrot und einem Extraschälchen Harissa servieren.

💧Tipp

Um Zeit zu sparen, können Sie sich natürlich auch mit Instantgemüsebrühe behelfen, die Sie in 500 Milliliter Wasser auflösen, bevor Sie das Zitronengras darin ziehen lassen.
Ein Spritzer Sojasauce, den Sie im letzten Moment zugeben, verleiht der Avocadocreme eine delikate, leicht fischige Note.

Schafsjoghurt mit Olivenöl und Trockenfrüchten in Honig

Für 4 Personen
Zubereitung 10 Minuten

4 getrocknete Feigen • 4 weiche getrocknete Aprikosen • 1 EL Malagarosinen • 2 Prisen gemahlener Zimt • 4 Prisen geriebene Muskatnuss • 1 EL Orangenblütenwasser • 4 EL Mandelblättchen • 600 g Schafsjoghurt • 4 EL fruchtig-herbes Olivenöl • 8 EL Honig

◗ Die Feigen und Aprikosen in kleine Stücke schneiden. In einer Schüssel mit den Rosinen vermengen. Zimt, Muskatnuss und Orangenblütenwasser zugeben und alles gründlich durchmischen. Auf vier Dessertschalen oder Gläser verteilen.

◗ Die Mandelblättchen in einer beschichteten Pfanne ohne Fett 3 Minuten rösten. Den Joghurt mit dem Olivenöl 5 Minuten in der Küchenmaschine mixen und über den Früchten verteilen. Mit je 2 Esslöffeln Honig und den noch heißen gerösteten Mandeln garnieren und servieren.

 Tipp

Dieses Dessert lässt sich gut einige Stunden im Voraus zubereiten (die Mandeln aber erst kurz vor dem Servieren rösten und darüberstreuen) und im Kühlschrank aufbewahren. Es ist sehr nahrhaft und daher ein ideales Frühstück für Sportler und eine willkommene Nascherei für Kinder.

Feigentarte

Für 4-6 Personen
Vorbereitung 20 Minuten
Garzeit 30 Minuten
Ruhezeit 1 Stunde

1 kg violette Feigen • 6 EL gemahlene Mandeln • 4 EL Honig •
1 EL Olivenöl
Für den Mürbteig: 1 unbehandelte Zitrone • 250 g Mehl • 75 g
feiner Zucker • 100 ml würzig-süßes Olivenöl • Salz • 1 Ei

♦ Für den Mürbteig die Zitrone waschen und die Schale fein abreiben. Das Mehl in eine Schüssel geben, in der Mitte eine Mulde bilden und den Zucker, das Olivenöl, eine Prise Salz, das Ei und die abgeriebene Zitronenschale hineingeben. Die Zutaten mit kühlen Händen möglichst rasch zu einem homogenen Teig verkneten, eine Kugel formen und in Frischhaltefolie eingewickelt 1 Stunde bei Zimmertemperatur ruhen lassen.

♦ Den Backofen auf 210 °C vorheizen.

♦ Die Feigen vorsichtig waschen und abtrocknen; die Stielansätze entfernen und die Früchte vierteln.

♦ Eine Tarteform mit 22 cm Durchmesser mit dem Mürbteig auslegen und den Teigboden mit einer Gabel mehrmals einstechen. Gleichmäßig die gemahlenen Mandeln auf den Teigboden streuen und die Feigen darauf verteilen. Die Früchte mit dem Honig überziehen und mit dem Olivenöl beträufeln. Die Tarte etwa 30 Minuten im Ofen backen.

♦ Die Feigentarte abkühlen lassen und nach Belieben mit Joghurteis servieren.

Tipp

Sie können diese Tarte auch wie eine klassische Tarte Tatin (gestürzter Apfelkuchen) zubereiten. Dazu benetzen Sie den Formboden zunächst mit 100 Milliliter Olivenöl, 50 Milliliter kaltem Wasser und anschließend mit einer dünnen Schicht Honig. Darauf die Feigen verteilen, mit den gemahlenen Mandeln bestreuen und die zuvor ausgerollte Teigplatte auflegen. Bei 210 °C im vorgeheizten Backofen etwa 30 Minuten backen, bis die Oberfläche eine schöne goldbraune Farbe angenommen hat. Die Tarte bis kurz vor dem Servieren in der Form belassen. Die Tarte lässt sich problemlos aus der Form lösen, wenn Sie sie zuvor leicht erwärmen. Außerhalb der Feigensaison können Sie bedenkenlos auf tiefgefrorene Früchte zurückgreifen. Sie sind ebenso perfekt für dieses Rezept geeignet.

Das leuchtende Gelb der blühenden Rapsfelder im Frühling ist einer der schönsten Vorboten des Sommers. Das daraus gewonnene kaltgepresste Speiseöl mit seinem leicht schwefeligen Aroma ist aber immer noch ein Geheimtipp. Sein hoher Anteil an mehrfach ungesättigten Fettsäuren und seine äußerst ausgewogenen Inhaltsstoffe machen es zu einem der wertvollsten Öle in der Küche.

Rapsöl

Von den Dichtern vergessen

Sein Name leitet sich vom niederdeutschen *rapsad,* »Rübsen« oder »Rübsamen«, ab. Raps wird seit 2 000 Jahren kultiviert und tauchte erstmals in Asien und im Mittelmeerraum auf. In Deutschland und der Schweiz fand man die ölhaltigen Samen der zur Gattung *Brassica* (die artenreiche Familie der Kohlgewächse) gehörenden Rapspflanze in germanischen Gräbern aus der Bronzezeit. Zwar war schon den Römern das aus einer botanisch verwandten Pflanze gewonnene Öl bekannt, eine nennenswerte Kultur des Rapses ist jedoch erst ab dem 17. Jahrhundert in Nord- und Mitteleuropa belegt. Obwohl seit Urzeit bekannt, fristete er stets ein bodenständiges und rein landwirtschaftliches Dasein. Keine Legende, die sich um ihn rankt, keine Poesie, die ihn besingt, und keine magischen Kräfte, die man ihm nachsagt. Sein einziger Zauber ist das herrliche Schauspiel der leuchtend gelben Rapsblüte im Frühsommer. In voller Blüte verströmt Raps einen betörenden Duft von Goldlack, Honig und Vanille. Ein Hauch Schwefel verrät, dass Raps eine Kohlsorte ist. Wenn es sehr heiß ist, wird der Duft schwer wie das Aroma eines vollreifen Käses. Doch trotz dieser unleugbaren sinnlichen Reize erlangte Raps nie die Gunst der Dichter und Magier. Andere Mitglieder der Familie der Kreuzblütler wurden mit weniger Missachtung gestraft, so zum Beispiel der Senf, der schon im Evangelium erwähnt wurde, oder der Kohl, der seit der frühesten Antike als universelles Heilmittel gilt. Die einzige schöne Aura, die den Raps umgibt, ist die eines duftenden, leuchtenden und vor Bienen summenden Feldes in der lauen Frühlingsluft.

Viele Jahrhunderte lang wurde Rapsöl außer als Lampenöl und zur Herstellung von Seife kaum genutzt. Nur die arme Bevölkerung verwendete es als Speiseöl, sei es auch nur widerwillig und in Zeiten des Hungers, wenn andere Öle Mangelware waren. Zugegeben, Rapsöl hatte einige Makel, die seinen Genuss erheblich trübten. So verlieh ihm das darin enthaltene Allyl-Senföl einen unangenehm strengen Geschmack. Zudem war es reich an Erucasäure, die angeblich den Herzmuskel schädigt, und an bitteren Glukosinolaten. Diese Mängel waren jedoch in Zeiten des Krieges und der Not und in Ermangelung anderer Fette schnell vergessen. Um Rapsöl genießbarer zu machen, wurde es offenbar schon sehr früh teilraffiniert. Das lässt zumindest eine in Prag aufbewahrte Handschrift aus dem 15. Jahrhundert vermuten, in der für die Fastenzeit der Genuss von »Baumöl« (Olivenöl) und »Lampenöl« (Rapsöl) empfohlen wird.

Die Geschichte des Rapsanbaus ist wechselvoll. Im 19. Jahrhundert waren Rapskulturen zur Lampenölgewinnung besonders im Norden Frankreichs weit verbreitet. Doch der Beginn der Kolonialzeit führte zu einem rasanten Rückgang. Die in großen Mengen verfügbare und billige Erdnuss löste den Raps ab. Die Einführung von Gas als Leuchtstoff und die Entdeckung der Elektrizität hätten dem Raps fast endgültig den Garaus gemacht, wenn ihn nicht eine wichtige Entdeckung zu Beginn des 20. Jahrhunderts vor dem Untergang bewahrt hätte. Dank seines hohen Anteils an Erucasäure hat Rapsöl auf Metallen, die Wasser und Dampf ausgesetzt sind, bessere Hafteigenschaften als andere Öle, einschließlich Erdöl. Dadurch stellte es sich als hochwertiges Schmier- und Hydrauliköl in der Schiffsindustrie heraus und wurde bereits im Zweiten Weltkrieg auf den alliierten Kriegsschiffen eingesetzt. Dieses Potenzial markierte auch den Beginn des Rapsanbaus in Kanada, das heute zu den weltweit wichtigsten Erzeugerländern zählt. Rapsöl erwies sich nämlich auch als geeignet zum Walzen von Stahl und zum Einsatz in Strahltriebwerken, ebenso wie zum Weichen von Leder und zur Herstellung von Pestiziden, Tensiden, Farben und Lacken.

Kohl – eine Großfamilie

Die *Brassicaceae* haben eine lange Geschichte. Seit mehr als 4 000 Jahren stehen diese anspruchslosen Gemüse im Dienste der menschlichen Ernährung. Allein die Familie *Brassica oleracea* (Gemüsekohl), die sich vermutlich aus dem am Mittelmeer wachsenden Wilden Gemüsekohl entwickelt hat, umfasst inzwischen Dutzende Sorten. Dazu zählen die Blattkohlarten (*Brassica acephala,* wörtlich: ohne Kopf), aus denen man erst kürzlich sogar einige Zierarten gezüchtet hat. Das in Portugal und auf den britischen Inseln sehr beliebte Gemüse – wo es wie Chicorée blanchiert und vor allem wegen seiner Blattrippen geschätzt ist – wurde bereits im 5. Jahrhundert v. Chr. angebaut. Die Familie der Kopfkohlarten (*Brassica capitata:* Grünkohl, Wirsing, Spitzkohl, Rotkohl, Weißkohl, der den Rohstoff für Sauerkraut liefert) gibt es seit Beginn unserer Zeitrechnung. Sie wurden von den Römern und den Galloromanen gezüchtet. In derselben Zeit »erfanden« die Germanen den Kohlrabi (*Brassica caulorapa*), der noch heute in Deutschland beliebter ist als in den westlicheren Regionen Europas. Der Blumenkohl (*Brassica botrytis*) ist eine französische Schöpfung aus dem 15. Jahrhundert, während die etwa zur selben Zeit entstandenen verschiedenen Brokkoliarten (*Brassica italica*) aus Italien stammen. Der kleinköpfige Rosenkohl schließlich wurde Mitte des 17. Jahrhunderts in der Gegend um Brüssel (»Brüsseler Kohlspitzen«) kreiert. Hinzu kommen noch die zahlreichen asiatischen Kohlsorten, der Chinakohl (*pe-tsai*), Pak-Choi, Tatsoi und viele andere mehr. Ihre Blätter sind zarter, weniger schwefelig im Aroma und leichter verdaulich als »echter« Kohl. Alle Sorten vertragen sich in jedem Fall wunderbar mit Rapsöl.

Ich fahre mit Rapsöl

Packte man in den 1960er Jahren noch den Tiger in den Tank, so wird es seit den 1990ern immer beliebter, Rapsöl hineinzuschütten. Rapsöl, das bereits im natürlichen Zustand als Brennstoff geeignet ist, gehört zu den vollständig erneuerbaren Energien und bietet sich zur Herstellung verschiedener Kraftstoffarten geradezu an. Seit Juli 2002 versetzt eine große Ölgesellschaft ihr Dieselgemisch mit 5 % Rapsöl. Und wer hat nicht schon mal ein Auto gesehen, an dem ein Aufkleber stolz den umweltfreundlichen Gebrauch des pflanzlichen Sprits verkündet? Zuvor muss Rapsöl jedoch behandelt werden. Das geschieht durch das Verfahren der Transesterfikation, eine durch Methanol ausgelöste chemische Reaktion, bei der aus dem Pflanzenöl ein Methylester, der Biodiesel, entsteht. Die chemischen Eigenschaften des Biodiesels ähneln denen des Benzins, mit dem man ihn zu 30 % versetzen kann. Biodiesel ist geruchlos, ungiftig und innerhalb von 21 Tagen zu 98 % biologisch abbaubar. Er ist schwefelfrei und optimiert daher auch die Funktion des Katalysators. Als Kraftstoff in der Seefahrt eingesetzt, trägt er zum Schutz der Meere und ihrer Artenvielfalt bei. Biodiesel eignet sich auch als Lösungsmittel, und wird sogar zur Bekämpfung einer Ölpest empfohlen! Vor allem in der EU wird immer mehr erucasäurereicher Raps zur Gewinnung von Biodiesel angebaut. Dem Raps steht offenbar noch eine blühende Zukunft bevor.

Die isolierte Erucasäure ließ sich chemisch in Erucamide, für die Herstellung von Kunststoffen nutzbare Viskositätsregler, umwandeln. Dank der neuen Einsatzbereiche in der technisierten Welt, vor allem als Kraftstoff, entging der Raps noch einmal dem Ruin. Auch das Ende der Kolonialzeit trug entscheidend dazu bei. Die weit verbreitete Verwendung von Erdnussöl, die den Raps schier verdrängt hätte, ging zudem zurück. Um die Lücke zu schließen, wurde der Rapsanbau intensiviert. Allerdings erregte die Pflanze als Nahrungsquelle noch lange das Misstrauen der Verbraucher, denn sie enthielt nach wie vor die berüchtigten, bitter schmeckenden Glukosinolate, Erucasäure und Eicosensäure. Diese hatten ihren Ruf nachhaltig vergiftet: Schädigungen des Herzmuskels, Verdauungsbeschwerden, Krebs, Wachstumsstörungen ... Ab 1950 versuchte man, durch Züchtung neuer Sorten den Raps von diesen unerwünschten Stoffen zu befreien. Obwohl ihre schädliche Wirkung nie wirklich nachgewiesen wurde, gelang es tatsächlich, die Erucasäure und Glukosinolate aus den Neuzüchtungen fast vollständig zu eliminieren. Die chemische Veränderung des neuen Rapses steigerte außerdem den Anteil an ungesättigten Fettsäuren und machte das Öl zu einem besonders ausgewogenen und gesunden Speisefett. In den 1970er und 1980er Jahren wurde der Raps endgültig von seinem schlechten Ruf befreit, nachdem die verbesserten Winterrapssorten, der 0-Raps (weniger als 1 % Erucasäure) und der 00-Raps, die so genannten Doppelnullsorten (weniger als 10 % Glukosinolate) ihren Siegeszug antraten. In Kanada wurde eine in ähnlicher Weise veredelte Sorte unter dem Namen »Canola« entwickelt, die auch in den USA kultiviert wird.

Ein Meer von gelben Blüten

Raps *(Brassica napus oleifera)* ist eine einjährige Krautpflanze aus der Familie der Kreuzblütler. Er gehört zur selben Gattung wie Senf, Rauke und Radieschen, die sich alle durch einen hohen Schwefelanteil und die an Goldlack erinnernden hübschen, duftenden Blüten auszeichnen. Die Pflanze ist eine Kreuzung aus Wildkohl *(Brassica oleracea)* und dem ebenfalls zu den Kreuzblütlern zählenden Rübsamen oder Rübsen *(Brassica campestris)*. Raps ist also ein langstieliger Kohl, dessen Blüten und Samen begehrter sind als seine Blätter. Das erkannten schon unsere Vorfahren, die sein Öl schlicht Kohlöl nannten. Raps oder Canola? In Amerika und Kanada erweckt man gerne den Eindruck, es handele sich dabei um zwei verschiedene Pflanzen.

Genraps

Neben Mais hat vor allem Raps (und Canola) durch die gentechnische Manipulation der Saaten Schlagzeilen gemacht und die Gemüter erhitzt. Die empfindliche Pflanze, die ohnehin schon einem regelrechten Bombardement von Pestiziden ausgesetzt ist, war eine der ersten, die die Genforschung auf den Plan rief. Ein Großteil des in Kanada kultivierten Canolas ist gentechnisch verändert. Kultiviert werden dort autosterile Hybridsorten (kerngenische männliche Sterilität), die resistent gegen bestimmte Herbizide sind. Man sollte beachten, dass aus Kanada und den USA importiertes Rapsöl, das im Handel unter dem Namen »Canola« vertrieben wird, mit hoher Wahrscheinlichkeit genverändertes Material enthält. Auch bei den Folgeprodukten und Canola anderer Herkunft ist Vorsicht geboten. Bei kaltgepressten Ölen aus biologischem Anbau aus Deutschland, Frankreich und der Schweiz kann man dagegen sicher sein, dass die Saaten gentechnisch nicht verändert wurden. Man sollte sich immer vor Augen halten, dass die möglichen Folgen der genetischen Manipulation von Pflanzen für die Fauna, den menschlichen Organismus und die Nahrungskette von der Wissenschaft noch nicht einmal im Ansatz erforscht und getestet sind.

Das stimmt so nicht. Die Bezeichnung »Canola« wurde letztlich nur zur Unterscheidung der Neuzüchtung vom konventionellen, erucasäurereichen Raps eingeführt. Heute sind beide Sorten veredelte Varianten der *Brassica napus oleifera,* die Forscher unabhängig voneinander entwickelten. Ob in Europa oder sonst wo, sie unterliegen den gleichen Wuchsformen und Anbauverfahren. Allerdings benötigen die vom Winterraps abstammenden europäischen Sorten gemäßigte Temperaturen für ihren Wachstumszyklus. Canola dagegen verträgt ein heißeres Klima.

Lebensraum und Anbau

Raps wird in gemäßigten Lagen angebaut. China ist der weltweit größte Rapsproduzent, dicht gefolgt von der Europäischen Union, Kanada und Indien sowie Australien, die USA und Ägypten. Zu den Haupterzeugerländern in Europa zählen Frankreich, Deutschland (vor allem in Ostholstein), Italien und Großbritannien. Auch die Schweiz verdient Erwähnung, denn sie betreibt einen extensiven und strikt biologischen Rapsanbau und produziert ein Öl, das sich besonders im eigenen Land großer Beliebtheit erfreut. In den angelsächsischen Ländern dient das Öl als Rohstoff für die Herstellung von Margarine und anderen wasserhaltigen Speisefetten. Europäischer Raps wird im Spätsommer oder Herbst ausgesät. Bis zum Winter bildet er Pfahlwurzeln aus und durchläuft je nach Sorte und klimatischen Bedingungen ein mehr oder weniger langes Rosettenstadium mit der Bildung von etwa 20 gestaffelten Blättern. In diesem Zustand überwintert die Pflanze, bevor sie im Frühjahr ihren Wachstumszyklus fortsetzt. Zunächst wächst der Haupttrieb in die Höhe, eine Phase, die mit der Blüte und der Bildung sekundärer Triebe endet. Ausgewachsen misst die Rapspflanze bis zu 1,60 Meter. Es gibt jedoch auch niedrig und halbhoch wachsende Sorten, die 80 Zentimeter bzw. 1,20 Meter erreichen. Die traubenförmigen Blütenstände sind blass- bis dunkelgelb. Sind sie verblüht, verlängert sich der Fruchtknoten zu einer spitz zulaufenden Fruchtschote, die 10 bis 30 kleine, kugelförmige, braune und sehr ölreiche Samen (40 %) enthält. Obwohl der Raps zu Beginn des Sommers ausgereift ist, erfolgt die Ernte der Samen erst später, wenn sie möglichst trocken sind. Zunächst werden die Samen aus den Schoten gelöst, anschließend gereinigt und nach Belieben geröstet, bevor sie zermahlen und gepresst werden. Das ausgepresste Öl wird vor dem Abfüllen mehrmals gefiltert.

Therapeutische Wirkungen und Anwendungen

Die Zuchterfolge brachten einen entscheidenden Durchbruch bei der chemischen Zusammensetzung des Rapsöls. Da die Erucasäure durch wertvolle, essenzielle Fettsäuren ersetzt wurde, entstand ein Speiseöl mit außergewöhnlich hohem Anteil an ungesättigten Fettsäuren (90 % des gesamten Fettsäuregehalts): 60 % einfach ungesättigte Fettsäuren (Ölsäure), 20 % zweifach ungesättigte Fettsäuren (Linolsäure) und ungewöhnlich hohe 10 % dreifach ungesättigte Fettsäuren (Alpha-Linolensäure). Zudem ist es überaus reich an Vitamin E (32 Milligramm pro 100 Gramm), A und K sowie an antioxidativen Substanzen. Die sehr günstige Zusammensetzung der Inhaltsstoffe bietet alles, was zur Regulierung des Cholesterin- und Blutzuckerspiegels nötig ist. Von allen Speiseölen hat Rapsöl mit 8 % den geringsten Anteil gesättigter Fettsäuren. Es ist ein hochwertiges Speiseöl, das dem Olivenöl in nichts nachsteht. Uralte asiatische und europäische Schriften erwähnen bereits die Verwendung von Rapsöl als Heilmittel gegen bestimmte Hauterkrankungen und Magenbeschwerden. Heute empfehlen Wissenschaftler den regelmäßigen Genuss des Jungfernöls. Seine Anwendungsmöglichkeiten in der Kosmetik sind noch nicht erschöpfend untersucht, doch ist es sicher auch dort für einige positive Überraschungen gut, vor allem bei der Herstellung von Gesichtsmasken oder Feuchtigkeitscremes. Jedenfalls machen einige Tropfen Rapsöl, morgens aufgetragen, die Haut zart und geschmeidig und schützen, ohne zu fetten.

Aroma und Geschmack

Der erste Eindruck, der sich sofort einstellt, ist sein intensiver krautiger Pflanzengeschmack, der an frisches Heu oder getrocknetes Gras erinnert. Chlorophyll, Blattgemüse und ganz besonders Kleeblätter, Luzerne und die Blätter und Samen des Bockshornklees klingen ebenfalls an. In der Folge setzt sich ein deutliches Nussaroma durch – sowie ein charakteristischer Curryton. Das überrascht nicht, da Bockshornklee ein wesentlicher Bestandteil von Curry ist. Im Abgang macht sich das für Kohl typische schwefelige Aroma bemerkbar, das aber unaufdringlicher ist als bei gekochtem Kohl. Es hält am Gaumen und in der Nase besonders lange an.

Rapsöl kulinarisch

Das überall im Handel erhältliche raffinierte Rapsöl ist geruchlos und geschmacksneutral. Das kaltgepresste Öl aus erster Pressung (Jungfernöl) ist wegen seiner geschmacklichen und diätetischen Qualitäten dagegen ein ausgezeichnetes Speiseöl. Es hat eine schöne goldgelbe Farbe mit fluoreszierenden Reflexen. Sein Geschmack ist fein und vielschichtig, zugleich kräftig, delikat und erstaunlich lang anhaltend. Wie Olivenöl ist es sehr sortentypisch und passt sich mühelos den unterschiedlichsten Speisen an. Man sollte es nicht zu stark erhitzen. Während des Garens zugegeben oder bei Zubereitungen im Ofen verträgt es die Hitze besser. Am besten harmoniert es mit Gemüse, vor allem mit den Verwandten aus der Familie der Kreuzblütler, aber auch mit Blattsalaten, Hülsenfrüchten, Kürbisgewächsen. Es eignet sich hervorragend für alle möglichen Salate, ob kalt, warm oder heiß, ob mit Kartoffeln, Rüben oder grünen Bohnen ... In Vinaigrettes harmoniert es mit Senf und Knoblauch ebenso wie mit indischen Gewürzen wie Curry, *chat masala*, *asa-foetida* und Bockshornklee. Rapsöl schmeckt auch köstlich in allen Zubereitungen mit Frischkäse. Die schönsten Gerichte mit Rapsöl bieten die Küchen des Elsass, Deutschlands und der Schweiz. Sein nussiger Kräutergeschmack passt einfach wunderbar zu Kohl, Rüben, Zwiebeln und allen Arten von Blattgemüse.

Rohe Artischocken mit Feta und Rapsöl

Für 4 Personen
Zubereitung 15 Minuten

5 EL Rapsöl • 2 EL frisch gepresster Zitronensaft • Salzblüte und gemischter Pfeffer • 8 junge violette Artischocken (zum Beispiel Poivrade) • 2 Zweige frischer Zitronenthymian • 100 g Feta • 2 EL Kürbiskerne

⬩ In einer Schüssel vier Esslöffel Rapsöl und den Zitronensaft verrühren und mit Salzblüte und der Pfeffermischung würzen. Die welken Blätter der Artischocken entfernen und die übrigen Blattspitzen kappen.
⬩ Die Artischocken in ganz feine Scheiben schneiden und mit der Vinaigrette überziehen.

⬩ Den Zitronenthymian waschen, trockenschütteln und die Blättchen abzupfen. Den Feta mit einer Gabel zerdrücken und mit dem restlichen Rapsöl gründlich vermengen. Mit zwei Umdrehungen aus der Pfeffermühle würzen und den Zitronenthymian darüber streuen.
⬩ Die Kürbiskerne in einer beschichteten Pfanne ohne Fett rösten, über die Artischocken streuen und mit dem Feta servieren.

Tipp

Wählen Sie möglichst kleine und feste Artischocken, deren Blätter noch nicht welk oder bräunlich verfärbt sind. Junge Artischocken laufen sehr schnell an, Sie sollten sie daher sofort nach dem Schneiden mit der Vinaigrette überziehen.

Kichererbsen-Salat mit Erdnüssen und Rapsöl

Für 4 Personen
Zubereitung 20 Minuten

375 g Kichererbsen aus der Dose • 1 Bund glatte Petersilie • 2 Tomaten • 1 Bund Frühlingszwiebeln • 1 kleine, in Salz eingelegte Zitrone • 5 EL Rapsöl • 2 EL frisch gepresster Zitronensaft • Salz und Pfeffer aus der Mühle • 1/2 TL gemahlener Kreuzkümmel • 1 ganz junger Ziegenkäse • 2 EL ungesalzene Erdnüsse

⬥ Die Kichererbsen abtropfen lassen, die Petersilie waschen, trockenschütteln und grob hacken. Die Tomaten entkernen und in grobe Stücke schneiden. Die Frühlingszwiebeln putzen und grob in Stücke schneiden. Die eingelegte Zitrone in ganz kleine Stücke schneiden.

⬥ In einer Schüssel das Rapsöl, den Zitronensaft, Salz, Pfeffer und den Kreuzkümmel gründlich verrühren. Das Gemüse in einer Salatschüssel mit der Petersilie vermengen, die Vinaigrette zugeben und nochmals gründlich durchmischen.
⬥ Den Kichererbsensalat mit dem Ziegenkäse und den Erdnüssen servieren.

 Tipp

Verwenden Sie für dieses Rezept möglichst eine selbst eingelegte Zitrone. Dazu sechs unbehandelte Zitronen senkrecht vierteln, jedoch nicht ganz durchschneiden. Die Früchte in eine Schüssel geben und mit reichlich grobkörnigem Meersalz bedecken und fest andrücken (die Schüssel sollte lieber etwas zu klein als zu groß sein). Die Zitronen an einem kühlen Ort mindestens einen Monat ruhen lassen. Während dieser Zeit geben sie ihren Saft ab und saugen das Salz auf. Anschließend im Kühlschrank aufbewahren.

Kabeljau-Tatar mit Knollensellerie und Rapsöl

Für 4 Personen
Vorbereitung 15 Minuten
Garzeit 15 Minuten

1 Kaffir-Limette • 1 grüne Zitrone • 4 EL Rapsöl • Salz und Pfeffer aus der Mühle • 4 Buchweizenpfannkuchen • 400 g Kabeljaufilet • 200 g Knollensellerie

Backofen auf 180 °C vorheizen. Die Kaffir-Limette unter fließendem Wasser abbürsten, abtrocknen und Zesten abschneiden. Die grüne Zitrone auspressen. In einer Schüssel das Rapsöl, den Zitronensaft, die Kaffir-Limettenzesten, Salz und Pfeffer verrühren.

Die Buchweizenpfannkuchen im Backofen 10 Minuten rösten, bis sie schön knusprig sind.

Den Kabeljau von eventuell verbliebenen Gräten befreien und würfeln. Den Sellerie schälen, in grobe Stücke schneiden und dämpfen oder in kochendem Salzwasser 15 Minuten garen. Gut abkühlen lassen und in ebenso kleine Würfel schneiden wie den Kabeljau. Die Fischwürfel und den Sellerie in einer Salatschüssel gleichmäßig und behutsam vermengen. Mit der Zitronen-Limetten-Vinaigrette würzen und mit den knusprigen Buchweizenpfannkuchen sofort servieren.

Tipp

Kaffir-Limetten sehen aus wie kleine, grüne Zitronen mit verschrumpelter Schale. Sie haben einen leicht bitteren Geschmack. Ihre Schale und die Blätter sind von intensivem Aroma und werden für eine Vielzahl thailändischer Gerichte verwendet. Kaffir-Limetten sind hauptsächlich in asiatischen Lebensmittelgeschäften erhältlich. Sie können Sie bedenkenlos einfrieren; so haben Sie die Früchte bei Bedarf immer zur Hand. Da sie einen sehr kräftigen Geschmack haben, sollten Sie jedoch sparsam damit umgehen.

Die bescheidene Haselnuss ist vermutlich die Nuss, mit der wir die schönsten Erinnerungen verbinden. Sie begleitet uns durch das Leben und ruft die Kindheit in uns wach – abenteuerliche Streifzüge durch das Unterholz und die Welt der Märchen, in der ihrer Schale so mancher Zauber entspringt und Wunder vollbringt. Die Schokoladenhersteller halten die Haselnuss schon lange in Ehren, doch liefert sie auch ein würzig duftendes Öl mit einem kräftigen, nach Wald duftenden Aroma.

Haselnussöl

Eine Verbündete der Feen

Versteinerungen aus der Mittel- und Jungsteinzeit, die man bei Ausgrabungen in Nordeuropa fand, belegen, dass die wilde Haselnuss schon in prähistorischen Zeiten als Nahrungsmittel diente. Sie ist eine der ältesten landwirtschaftlichen Nutzpflanzen und wurde bereits im 3. Jahrhundert v. Chr. am Schwarzen Meer und im nördlichen Anatolien kultiviert. Schottland verdankt der Haselnuss seinen ursprünglichen Namen »Kaledonien«, abgeleitet vom gälischen *cal-dun,* »Hügel der Haelsträucher«. Neben seiner Bedeutung als Nahrungsquelle leistet der Haselstrauch dem Menschen auch viele andere Dienste. Sein weiches, biegsames und leicht zu bearbeitendes Holz wurde früher viel in der Korbflechterei, in der Böttcherei und zum Fassbinden verwendet. Zwar ist das Holz der schlanken Äste in der Tischlerei von eher beschränktem Nutzen, doch werden die rötlichen, harten und gemaserten Wurzeln für Einlegearbeiten sehr geschätzt.

Der besonders von den Kelten und skandinavischen Völkern verehrte Haselnussstrauch ist Teil so manchen Aberglaubens. Er soll vor negativen Einflüssen schützen und positive Energien fördern. In der skandinavischen Mythologie ist ein Haselnussstock eines der Insignien des Donnergottes Thor. Ein Haselnusskranz schützt die Seeleute auf dem Meer. Die Haselnuss liefert zudem das Holz für die Zauberstäbe von Feen und Magiern. Will man prüfen, ob ein Zweig als Zauberstab geeignet ist, braucht man ihn nur ins Wasser zu tauchen. Besitzt er Zauberkräfte, quiekt er wie ein Schwein.

Seit Jahrhunderten verwendet man die gegabelten Zweige als Wünschelruten, um Wasseradern oder verborgene Schätze aufzuspüren. Hegt man zärtliche Gefühle für jemanden, richtet sich die Rute wie von selbst auf den geliebten Menschen. Sie hilft, gute Geschäfte abzuschließen, einen Bann zu brechen, die Orientierung im Wald wieder zu finden, durchgehende Kühe im Zaum zu halten und Feen herbeizurufen. Und sie dient zum Vertreiben von Schlangen: Der heilige Patrick befreite Irland von allen Giftschlangen, indem er sie mit einer Wünschelrute aufspürte und ins Meer warf. Fortan blieb das Land von ihnen verschont. Hermes ließ zwei miteinander kämpfende Schlangen einen Haselnusszweig umschlingen. Der so entstandene Hermesstab, bestimmte der Gott anschließend, sollte dazu dienen, die Leidenschaften der Menschen zu bändigen und ihren Kummer zu heilen. Der Haselstrauch und seine Früchte gelten als wohltätig und rufen Vorstellungen von Beharrlichkeit, Ausdauer, Schutz und Reichtum wach. Symbolisch sind sie eng mit dem Mond, dem nordischen Gott Thor und den Göttern der Fruchtbarkeit verbunden. Außerdem sind sie Bestandteil zahlreicher kultischer Rituale. Im antiken Rom wurden zur Hochzeit Haselnussfackeln abgebrannt; in der Bretagne sagte man einem Ehepaar, das in einem haselnussreichen Jahr heiratete, einen großen Kindersegen voraus. In anderen Gegenden galt eine üppige Haselnussernte entweder als Vorbote für viele Mädchen oder uneheliche Kinder. Schließlich gilt die Haselnuss auch als Glücksbringer. Zu einer Girlande gebunden, schenkte man sie früher einer jungen Braut als gutes Omen.

Der kleine Zauberbaum

Die Haselnuss ist ein Strauchgewächs, das keinen einzelnen Stamm ausbildet und selten sechs Meter überragt. Jedes Jahr wachsen neue, lange, biegsame und widerstandsfähige Äste nach, was sie seit jeher zu einem geeigneten Rohstoff für die Herstellung von Spazierstöcken und Ruten machte. Der Haselnussstrauch gehört zur Familie der *Betulaceae*, der Birkengewächse. Er hat eine dünne, silbergrau schimmernde Rinde, die sich mit dem Messer leicht ablösen lässt. Die rundlich-herzförmigen Blätter sind grob gesägt und an der Unterseite leicht behaart. Die Blüte erfolgt sehr früh und lange, bevor sich das Laub entfaltet. Die männlichen und weiblichen Blüten liegen

Die Wünschelrute

Eine Wünschelrute wird gewöhnlich aus einer Astgabel des Haselstrauchs geschnitten, die aus einem kurzen, stärkeren Ast und zwei langen, dünneren Gabeln besteht. Der Rutengänger greift die Gabeln an ihren Enden und richtet das Astende nach unten. Bewegt er sich über dem gesuchten Objekt, spürt er eine plötzliche Beschleunigung oder aber ein kurzes Anhalten seines Pulsschlags, wenn nicht sogar ein starkes Gefühl von aufwallender Hitze oder ein Frösteln. Die Kunst der Seherei mit Hilfe von Haselnussruten, Rhabdomantie genannt, hatte bereits im Altertum viele Anhänger und wird auch heute noch in manchen Gegenden Europas praktiziert. Der Naturwissenschaftler Carl von Linné war geradezu davon besessen, wie er selbst bekannte, und der englische Autor John Evelyn schrieb Ende des 18. Jahrhunderts: »Die Art, wie diese von kundiger Hand geschnittene und geführte Astgabel unsichtbare Strömungen und Kräfte aufnimmt, grenzt an das Wunderbare. Es ist schier unfassbar, wenn man sieht, wie sich die Rute plötzlich wie von selbst aus der Horizontalen krümmt, und zwar nicht nur wenn sie auf eine Erzader, einen vergrabenen Schatz oder eine Quelle stößt, sondern auch wenn sie einen Mörder entlarvt.«

Wie man eine Fee anruft

Man tauche an drei aufeinander folgenden Freitagen oder Mittwochen eine dicke Kristallscheibe in das Blut einer weißen Henne, nehme sie wieder heraus und wasche sie mit Weihwasser. Dann brenne man etwas Weihrauch ab. Anschließend schneide man drei Haselnusszweige, entferne die Rinde und ritze in jeden den Namen der Fee, an die man sich wendet. Zuletzt flache man das eine Ende der Zweige ab und vergrabe sie an einem Mittwoch auf einem Hügel, von dem man weiß, dass er auch von den Feen besucht wird. Am darauf folgenden Freitag grabe man sie wieder aus, wende sich nach Osten und rufe jeweils um 8 Uhr, 10 Uhr und 15 Uhr mit lauter, klarer Stimme den Namen der Fee.

Eine harte Nuss

Haselnüsse lassen sich gut aufbewahren, wie uns das Eichhörnchen in jedem Herbst zeigt. Doch wird es nicht selten für seine Gedankenlosigkeit bestraft, wenn es zu Beginn des Winters seine Vorräte nicht mehr findet. Was lernen wir daraus? Man sollte immer etwas für magere Zeiten zurücklegen, doch nie vergessen, wo man seine Reserven verwahrt hat.

nebeneinander. Erstere sind die raupenförmigen »Kätzchen«, die den Frühling ankündigen; die weiblichen Blüten sind eng am Zweig stehende, blättrige Knospen mit einem Büschel roter Narben. Die Früchte bilden sich häufig in Zweier- oder Vierergruppen und werden während des Wachstums von einem grünen Deckblatt, der Fruchthülle, beschirmt. Es trocknet mit zunehmender Reife aus und hinterlässt auf der Nuss eine helle, ovale und abgeflachte Narbe. Die eiförmige Nuss hat eine harte Schale, die sich während der Reifung von Hellgrün zu Braun färbt. Sie enthält einen mit einer dünnen Membran überzogenen Kern. Zu Beginn der Fruchtbildung birgt die Haselnuss noch zwei Kerne, von denen einer meistens eingeht. Zwei ausgereifte Kerne in einer Nuss sind noch seltener als bei der Mandel.

Lebensraum und Anbau

In vielen europäischen Gegenden ist der Haselstrauch ein vertrauter Anblick. Er ist sehr verbreitet in Frankreich, Italien, Portugal, Spanien, Griechenland und in der Türkei, aber auch in Deutschland. In Nordamerika bevorzugt er die gemäßigten Zonen im Nordwesten. Er wächst vorzugsweise in Laubwäldern, Tälern, entlang von Schluchten und Hecken und gedeiht selbst noch in 1 700 Meter Höhe. Neben dem wilden Haselnussstrauch unterscheidet man je nach Hauptanbaugebieten drei *Corylus*-Arten. Westeuropa ist das Reich des *Corylus avellana,* zu dem unter anderem die Sorten *Runde Sizilie*, *Runder Neapler, Fertile de Coutard* (auch *Barcelona* genannt), *Butler* und *Corabel* zählen. Zu den Zierarten gehören die Rote Zellernuss und der eindrucksvolle *Corylus contorta,* die Korkenzieherhasel. Die größten europäischen Erzeuger sind Italien und Spanien und in geringerem Umfang Portugal und Griechenland. Mit einem Marktanteil von 80 % ist die Türkei das weltweit größte Erzeugerland. Die gesamte Schwarzmeerküste entlang von Zonguldak östlich von Istanbul bis zur georgischen Grenze erstrecken sich Haselnusshaine über eine Fläche von mehr als 450 000 Hektar. Das Klima in dieser Region ist für den Anbau geradezu ideal. Die türkische Haselnussproduktion macht 5 bis 10 % der staatlichen Einnahmen aus, daher kann sie der besonderen Fürsorge der türkischen Regierung sicher sein. Zwei Arten werden in der Türkei kultiviert, die *Giresun*-Haselnuss, die hochwertige und sehr aromatische Nüsse mit großem Ölsäureanteil liefert und besonders für die Ölgewinnung geeignet ist, und der *Corylus columa,* die *Levant*-Haselnuss, die mit 25 Meter Höhe ein ausgewachsener Baum ist (daher auch Baumhasel genannt). Ihre Früchte sind zum größten Teil für den Verzehr bestimmt. In den USA wird neben europäischen Varietäten vor allem der *Corylus americana,* American filbert (Amerikanische Haselnuss) kultiviert, der noch größere Nüsse liefert als die europäischen und türkischen Verwandten. Der Anbau konzentriert sich auf Oregon und den Staat Washington. Die Anbaumethoden sind von Land zu Land unterschiedlich. In der Türkei wachsen die Bäume ungehindert und ohne geschnitten zu werden. Geerntet wird per Hand. In Nordamerika werden die Bäume dagegen gestutzt, um die Ernte zu erleichtern, die von speziellen Saugmaschinen erledigt wird. Die geernteten Nüsse werden am Boden kurz getrocknet, anschließend wird die Fruchthülle entfernt, dann werden sie ein zweites Mal getrocknet. Der größte Teil (etwa 95 %) wird anschließend ausgelöst, kalibriert und verpackt.

Therapeutische Wirkungen und Anwendungen

Obwohl Haselnüsse sehr fetthaltig und reich an stickstoffhaltigen Verbindungen sind, gehören sie zu den bekömmlichsten Nüssen. Mit einer Ausbeute von 50 bis 70 % Öl, das reich an Kalzium, Vitamin E (22 Milligramm pro 100 Gramm) und ungesättigten Fettsäuren (10 % Linolsäure und 65 % Ölsäure) ist, zählen sie zu den wertvollsten Ölsaaten überhaupt. Haselnussöl ist reich an Mineralien, ein gutes Wurmmittel und wirkt wohltuend auf Nieren, Harnwege und Nervensystem. Das in Europa vermarktete Haselnussöl stammt hauptsächlich aus italienischen, spanischen und türkischen Nüssen. Lange Zeit war es kaum im Handel erhältlich, doch beginnt es zunehmend die Regale der Bioläden, Feinkostgeschäfte und sogar der Supermärkte zu füllen. Seine Inhaltsstoffe und Eigenschaften entsprechen etwa denen des Süßmandelöls. Allerdings zieht es bei äußerer Anwendung rascher ein und lässt sich leichter verteilen, ein Vorteil, den sich die Kosmetikindustrie zu Eigen macht, wenn es um wirksames Einziehen der Aktivsubstanzen geht. Man findet es daher in einer Reihe von Kosmetika, von Handcremes über Sonnenschutzcremes und Seifen bis zu Lippenstiften.

Als Massageöl verwendet, wirkt es entspannend, hautfreundlich und leicht adstringierend. Es macht die Haut elastisch und wirkt insbesondere bei sensiblen Hauttypen sehr schonend. Außerdem beugt es Faltenbildung vor und wird daher häufig zum Behandeln von Narben und Schwangerschaftsstreifen verwendet. Auch für die tägliche Schönheitspflege ist es ideal.

Ein Schönheitsöl

Um ein vorzeitiges Ranzigwerden zu vermeiden, sollte man diesen Ölauszug nur in geringer Menge herstellen. Die Angaben reichen für einen 25 Milliliter fassenden Flakon und halten mehrere Monate: 2 TL Haselnussöl mit 1 TL Wildrosenöl (Hagebuttenkernöl) und 1 TL Aprikosenkernöl mischen. Anschließend 2 bis 3 Tropfen Rosenöl oder Neroliöl (aus der Pomeranze) zugeben. Anwendung: Einen Finger mit Öl benetzen und morgens und abends leicht in den Teint einmassieren.

Die Zutaten für diesen Ölauszug bekommen Sie in Bio- oder Reformläden. Da das aus der Damaszenerrose gewonnene Rosenöl zu den teuersten ätherischen Ölen gehört, können Sie ersatzweise auch zu weniger kostspieligen Blütendestillaten, wie Palmarosa, Mandarinenöl, Lavendel- oder auch Geranienöl, greifen.

Ein entspannendes Massageöl

150 ml Haselnussöl mit 1/2 TL Sandelholzöl und 1/2 TL Patschuliöl vermengen und in einen kleinen Flakon füllen.

Aroma und Geschmack

Die Verkostung von reinem Haselnussöl ist ein Erlebnis der besonderen Art. Zunächst erinnert es im Geschmack auf unwiderstehliche Weise an Schokolade. Obwohl nicht besonders lang anhaltend, ist das Feuerwerk der Aromen dennoch äußerst beeindruckend: strahlend, füllig, direkt zugänglich und gleichzeitig komplex. Der schokoladige Wohlgeschmack stellt sich sofort ein, gefolgt von einem kräftigen Aroma von Wald und Gewürzen mit leichten Anklängen von Teakholz, Zimt, Karamell, Bienenwachs, Vanille und Muskatnuss. Im Abgang treten überraschende Aromen von Zigarrenkisten, alten Bucheinbänden und trockenem Heu in den Vordergrund. Der allgemeine Geschmackseindruck erinnert an frisch gesägtes Holz mit einem deutlichen pflanzlichen Unterton.

Die Frucht der Weisheit

Nach einer irischen Legende entspringt der Shannon an der sagenhaften Cannola-Quelle. Um sie herum wachsen neun Haselnusssträucher mit Blüten (Schönheit) und Früchten (Weisheit). Die herabfallenden reifen Nüsse werden von den im Wasser lebenden Lachsen gefressen. Jeder Fisch trägt an seinen Flanken so viele Flecken wie er Nüsse gefressen hat. Die Lachse besitzen die Weisheit des gesamten Universums. In den keltischen Mythen sind die Haselnuss und der Lachs Symbole für die Erkenntnis. So wie der Haselnussbaum als Baum der Weisheit gilt, so symbolisiert der Lachs durch seine Luftsprünge, mit denen er stromaufwärts an seine Laichplätze zurückkehrt, die Fähigkeit, sich mutig über Schranken und die Ungewissheit hinwegzusetzen.

Haselnüsse und ihr Öl kulinarisch

Die zarte Romanze zwischen Haselnuss und Schokolade ist längst zum ewigen Bund der Liebe geworden. Ihre kulinarischen Qualitäten, vor allem bei süßen Leckereien, sind jedem bekannt: Pralinees, Krokant, Nuss-Nougat-Cremes, Makronen und *Dacquoises* (französisches Baisergebäck). Verwendet werden Haselnüsse wie Mandeln, allerdings haben sie einen würzigeren und runderen Geschmack, was erklären mag, warum sie bei Cremes oder Füllungen für die großartigen österreichischen und ungarischen Kreationen, wie der Linzertorte, den Vorzug genießen.

In Frankreich werden Haselnüsse gern in der Charcuterie verwendet. Sie verzieren Terrinen, besonders mit Kaninchen oder Fasan, schmücken Galantinen (Rollpasteten) und würzen Teige und Füllungen (zum Beispiel bei Klassikern wie *chou farci* – gefüllter Kohl). Salaten, Pürees und Suppen verleihen sie einen unerwartet knackigen Biss.

Haselnussöl ist eines der teuersten Speiseöle. Wegen seiner besonderen geschmacklichen Vorzüge suchen ambitionierte Köche nach immer neuen Verwendungsmöglichkeiten. Nichts spricht gegen seinen Einsatz als Salat- oder Würzöl, wenngleich viele es lieber mit einem geschmacksneutralen Öl etwas verdünnen. Es harmoniert mit nahezu jedem Aroma und verleiht vielen Speisen eine festliche Note. In einer Vinaigrette verträgt es sich jedoch besser mit der klaren Frische von Zitrusfrüchten als mit Essig. Geeignet sind alle Sorten, von den milden (Mandarine, Orange) bis zu den säurereichen Vertretern (Zitrone, Limette, Bergamotte). Diese Kombination überzeugt besonders zu lauwarmem oder heißem Gemüse.

Überhaupt harmoniert Haselnussöl wunderbar mit feinem Gemüse (Spargel, grüne Bohnen, Sellerie, Blumenkohl etc.). Bei stärkereichen Beilagen (Teigwaren, Kartoffeln, weißen Bohnen) ist es eine überzeugende Alternative zu frischer Butter. Besonders attraktiv ist Haselnussöl auch zu allen gelben, orangefarbenen und zuckerhaltigen Gemüsesorten (Möhren, Süßkartoffeln, Kürbis), zu Quark, Frischkäse und Esskastanien. Ein Teller gekochter, geschälter Esskastanien, serviert in heißer Milch mit einem Schuss Haselnussöl, ist ein Hochgenuss. Haselnussöl passt außerdem hervorragend zu Fischen, wie Forelle, Lachs und allen anderen Süßwasserfischen, besonders zum Seesaibling, aber auch zu dem wunderbar reinen Geschmack von Wolfsbarsch und Königsdorade. Und es betont den leicht nussigen Geschmack von sautierten oder roh als Carpaccio servierten Jakobsmuscheln.

Hummus mit Haselnussöl auf schwarzem Rettich

Für 4 Personen
Zubereitung 10–15 Minuten
Kühlzeit 30 Minuten

2 Knoblauchzehen • 50 g Kichererbsen aus der Dose • 100 ml Haselnussöl • 2 EL mild-aromatisches Olivenöl • 2 EL frisch gepresster Zitronensaft • Salz und Pfeffer aus der Mühle • 1 Messerspitze gemahlener Paprika • 1 schwarzer Rettich • 50 g gehackte Haselnusskerne

◉ Den Knoblauch abziehen und den Keimling entfernen. Die Kichererbsen abtropfen lassen und mit dem Knoblauch im Mörser zu einer Paste zermahlen. Dabei nach und nach das Haselnuss- und Olivenöl zugeben, bis ein glattes Püree entstanden ist. Mit Zitronensaft, Salz, Pfeffer und dem gemahlenen Paprika würzen. Den Hummus mit Frischhaltefolie bedeckt mindestens 30 Minuten in den Kühlschrank stellen.

◉ Den schwarzen Rettich schälen und in dünne Scheiben schneiden. Die Haselnusskerne in einer beschichteten Pfanne ohne Fett 3 Minuten rösten.

◉ Zum Servieren die Rettichscheiben mit einem Klecks Hummus garnieren und die gerösteten Haselnüsse darüber streuen.

Tipp

Hummus schmeckt auch wunderbar mit geröstetem Pita- oder Fladenbrot und einem Tomatensalat. Mit einer dünnen Schicht Olivenöl bedeckt, hält Hummus sich im Kühlschrank bis zu einer Woche.

Rosa Pampelmusen mit Salbei und Haselnussöl

Für 4 Personen
Zubereitung 15 Minuten
Kühlzeit 30 Minuten

6 rosa Pampelmusen (Grapefruits) • 5 EL Akazienhonig •
1 TL Ceylonzimt • 2 EL Orangenblütenwasser • 2 EL Haselnussöl • 6 frische Salbeiblätter

◊ Die Pampelmusen mit einem scharfen Messer schälen, dabei die weiße Haut entfernen. Die Filets über
einer Schüssel auslösen, den Saft dabei auffangen.

◊ Honig, Zimt und das Orangenblütenwasser verrühren, über die Fruchtstücke gießen und sorgfältig vermengen. Das Haselnussöl und die abgezupften Salbeiblätter zugeben und mindestens 30 Minuten im
Kühlschrank durchziehen lassen. Gut gekühlt servieren.

Tipp

Die Qualität des Zimts ist bei diesem Rezept besonders wichtig. Zimt aus Ceylon ist wegen seines zurückhaltenden, lieb-
lichen Aromas am besten geeignet. Ist die Herkunft unklar,
handelt es sich meist um Zimt aus China oder Amerika, der
pfeffriger, kräftiger und weniger delikat ausfällt. Damit der
Zimt sein Aroma nicht verliert, kaufen Sie am besten Stan-
genzimt, den Sie in Frischhaltefolie eingewickelt oder luftdicht
verschlossen an einem dunklen Ort aufbewahren und erst
kurz vor Gebrauch mahlen. Eine Zimtstange, unter braunen
Zucker gemischt, verleiht dem Zucker ein würziges Aroma.

Zucchini-Nester mit weich gekochten Eiern und Haselnussöl

Für 4 Personen
Zubereitung 15 Minuten
Garzeit 5 Minuten

4 kleine, feste Zucchini • 2 EL Haselnussöl • 2 EL würzig-süßes Olivenöl • 1 EL Honigessig • 1 EL japanische Sojasauce • Salz und Pfeffer aus der Mühle • 4 ganz frische Eier • 100 g Parmesan

◆ Die Zucchini waschen (Stielansätze entfernen) und mit einem Gemüsehobel in lange Streifen schneiden. In einer Salatschüssel das Haselnussöl, Olivenöl, den Honigessig und die Sojasauce verrühren, sparsam salzen – die Sojasauce ist bereits recht salzig – und großzügig pfeffern. Die Zucchinistreifen in die Vinaigrette geben und gründlich darin wenden.

◆ Die Eier in 5 Minuten wachsweich kochen. Kalt abschrecken und pellen.
◆ Den Parmesan dünn hobeln. Auf jeden Teller etwas Zucchinisalat geben und zu einem kleinen Nest formen. Je ein weich gekochtes Ei in oder neben das Nest setzen. Kurz vor dem Servieren das Ei senkrecht aufschneiden und mit einigen Parmesanhobeln garnieren.

 Tipp

Sie können den Zucchinisalat auch einige Stunden in der Vinaigrette marinieren lassen, bevor Sie ihn servieren. So bewahrt er am besten seinen Biss, und das Aroma der Sauce zieht stärker durch.

Parmesan ist luftdicht verpackt im Kühlschrank sehr lange haltbar. Meiden Sie bereits geriebenen Parmesan, da er oft kaum noch Aroma hat oder ranzig ist.

Bohnen-Erbsen-Gazpacho mit Haselnussöl und Knoblauchcreme

Für 4 Personen
Vorbereitung 15 Minuten
Garzeit 10 Minuten

1,5 kg Dicke Bohnen • 800 g junge Erbsen • 5 Knoblauchzehen • 2 1/2 EL Haselnussöl • 4 EL würzig-süßes Olivenöl • Salz und Pfeffer aus der Mühle • 200 ml frische Vollmilch

🌢 Bohnen und Erbsen palen und getrennt in kochendem Salzwasser 4 Minuten blanchieren. Abgießen und sofort in einer Schüssel mit Eiswasser kalt abschrecken, um den Garprozess zu stoppen. Die Dicken Bohnen mit einem Schaumlöffel aus dem Wasser nehmen und enthäuten. Bohnen und Erbsen beiseite stellen.

🌢 Knoblauchzehen abziehen (Keimlinge entfernen) und 3 Minuten in kochendem Salzwasser blanchieren. Im Mixer mit einigen Tropfen Haselnuss- und Olivenöl, Salz und Pfeffer zu einem feinen Püree verarbeiten. Die Dicken Bohnen mit der Milch und dem restlichen Öl in der Küchenmaschine pürieren, bis die Mischung glatt und cremig ist. Mit Salz und Pfeffer abschmecken.

🌢 Den Gazpacho durchkühlen lassen und mit etwas Knoblauchcreme gewürzt und den Erbsen als Einlage servieren.

🌢 Tipp

Machen Sie bei diesem Rezept einen Bogen um ultrahocherhitzte Milch. Nur mit frischer Milch entfaltet der Gazpacho sein volles Aroma. Falls Sie gerade kein frisches Gemüse zur Hand haben, können Sie auf Tiefkühlware ausweichen. Rechnen Sie dafür etwa 500 Gramm Dicke Bohnen und 300 Gramm junge Erbsen. Es geht jedoch nichts über eine Hand voll frischer, blanchierter junger Erbsen.

Hokkaido-Creme mit Haselnussöl

Für 4 Personen
Vorbereitung 15 Minuten
Garzeit 15 Minuten

1 Hokkaido-Kürbis (etwa 2 kg) • 2 EL würzig-süßes Olivenöl •
Salz und Pfeffer aus der Mühle • 125 ml frische Vollmilch •
2 Prisen Viergewürzpulver (Gewürzmischung aus Zimt, Nelke,
Muskatnuss und Pfeffer) • 3 EL Haselnussöl

◗ Den Kürbis schälen, die Kerne herauslösen und das
Fruchtfleisch in Stücke schneiden. Das Olivenöl in einer großen Sauteuse erhitzen und das Kürbisfleisch
darin 5 Minuten dünsten. Salzen und pfeffern, 50 ml
Wasser zugießen und zugedeckt etwa 10 Minuten bei
milder Hitze köcheln lassen, bis das Gemüse schön
weich ist. Der Gargrad lässt sich am besten mit einer
Messerspitze prüfen.
◗ Die Milch mit dem Viergewürzpulver erhitzen. Die
Kürbisstücke in der Küchenmaschine zu einem glatten
Püree verarbeiten; dabei nach und nach die heiße
Milch zugießen. Ist die Kürbiscreme zu dick, mit weiterer Milch in die gewünschte Konsistenz bringen. Bei
laufendem Gerät das Haselnussöl zugeben. Die Kürbiscreme abschmecken und sofort servieren.

◗ Tipp

Wenn Sie die Kürbiscreme im Voraus zubereiten, sollten Sie
beim Wiedererhitzen ganz behutsam vorgehen und die Suppe
nochmals in der Küchenmaschine durchmixen. Geben Sie das
Öl erst im allerletzten Moment zu, damit es vollständig mit der
Suppe emulgiert.

Wenn erhältlich, kann man auch *Potimarron* verwenden. Er gehört zur Kürbisfamilie, ist aber stärkehaltiger, weniger süß und
zudem viel kleiner als der verwandte Gartenkürbis. Er hat ein
leicht an Kastanien erinnerndes Aroma, das wunderbar mit
dem Haselnussöl harmoniert.

Gedünstete Möhren mit Orangen-Haselnuss-Vinaigrette

Für 4 Personen
Vorbereitung 15 Minuten
Garzeit 20 Minuten

800 g junge Möhren • 2 Knoblauchzehen • 2 Orangen • 2 EL Olivenöl • 3 EL Haselnussöl • Salzblüte • 1 TL Piment d'Espelette (ersatzweise scharfer Paprika) • 1 TL Fenchelsamen • 1 EL Honigessig • 1/2 Bund glatte Petersilie

💧 Die Möhren waschen, schälen und der Länge nach vierteln. Knoblauchzehen abziehen (Keimlinge entfernen) und durchpressen. Den Saft von einer Orange auspressen.

💧 In einer großen beschichteten Pfanne einen Esslöffel Olivenöl und einen Esslöffel Haselnussöl erhitzen. Die Möhren und den Knoblauch darin 3 Minuten dünsten. Den Orangesaft, eine Prise Salzblüte, den Piment d'Espelette und die Fenchelsamen zugeben. Zugedeckt bei milder Hitze etwa 20 Minuten dünsten, bis die Möhren zart sind. Abkühlen lassen.

💧 Inzwischen den Saft der anderen Orange auspressen und mit einem Esslöffel Olivenöl, zwei Esslöffeln Haselnussöl sowie dem Honigessig verrühren.

💧 Die Petersilie waschen, trockenschütteln und grob hacken. Die Vinaigrette über die erkalteten Möhren geben, mit der Petersilie bestreuen und servieren.

Tipp

Für dieses Rezept sollten Sie unbedingt ganz frische und zarte junge Möhren verwenden. Sie können Sie auch lauwarm servieren – besonders zu Scampi oder gegrilltem Hummer, deren leicht süßlich schmeckendes Fleisch perfekt zu dem Frühlingsgemüse und dem Haselnussaroma passt.

Ihre Feinheit, Noblesse und leuchtend grüne Farbe erinnern an die Märchen aus 1001 Nacht, an Kalifen und an honigtriefende Süßspeisen aus dem Orient. In Frankreich war die Pistazie früher ein begehrtes Aphrodisiakum und daher in der Küche gern gesehen. Mitte des 20. Jahrhunderts degradierte man sie zum Knabbersnack, doch neuerdings erlebt die Pistazie eine Renaissance, vor allem wegen ihres Öls.

Pistazienöl

Die freudestrahlende Nuss

Im Iran auch »lächelnde Pistazie« und in China »Glücksmandel« genannt, galt die Pistazie schon immer als Botin des Glücks. Die halb geöffnete Schale lächelt einladend, als wollte sie dazu auffordern, ihr den grünen Kern zu entreißen. Der Pistazienbaum wuchs angeblich bereits in den hängenden Gärten der Semiramis, damit sich die Königsfamilie an seinen Früchten erfreuen konnte. Die sagenumwobene Königin von Saba soll derart verrückt nach Pistazien gewesen sein, dass sie sich und ihrem Hof die gesamte Produktion Assyriens sicherte. Daher rührt vermutlich auch der Irrglaube, Syrien sei die ursprüngliche Heimat des Pistazienbaums. Dabei stammt er wahrscheinlich eher aus Zentralasien. Noch heute findet man in Afghanistan, im Iran und in der östlichen Türkei wild wachsende Pistazienbäume.

Der Name der Pistazie leitet sich über das griechische *pistakê* vom persischen *pisteh* ab. Im Okzident tauchten Pistazien erstmals um das Jahr 50 unserer Zeitrechnung auf. Seitdem trägt die Pistazie wie keine andere Ölfrucht den Nimbus von Reichtum und Opulenz. Während die kostbare Nuss vom Mittelmeer bis nach Indien als alltägliche Zutat mit einem Hauch von Luxus galt, die in der Küche, in der Patisserie und in der Medizin verwendet wurde, genoss die Pistazie in Europa den Ruf einer kostbaren Rarität, bis der Iran Anfang des 20. Jahrhunderts zur Produktion im großen Stil überging. Mit angeblich aphrodisischen Kräften, ob wahr oder erfunden, ist man bei seltenen und teuren Zutaten immer schnell zur Hand. Die Muslime betrachten die Pistazie als Talisman, der einen bösen Liebeszauber vertreibt. Auch auf Hochzeitsfeiern wird sie gereicht, wo sie wichtiger Bestandteil der Trauungszeremonie ist. Häufig werden Pistazien im Orient zum Abschluss einer Mahlzeit serviert, um die Leidenschaft zu schüren. In Europa wurden Pistazien lange Zeit wegen dieses schmeichelhaften, der Erotik förderlichen Rufs geschätzt. In der Renaissance und im Zeitalter des Barock wusste jeder, was gemeint war, wenn in einem schlüpfrigen Gedicht die Pistazie auftauchte.

Ein Überlebenskünstler

Der Pistazienbaum gehört zur Familie der Sumachgewächse (Anacardiaceae), zu der auch so unterschiedliche Arten wie der Färberbaum (Sumach), der Mangobaum und der Cashewnussbaum zählen. Neben den zahlreichen fruchttragenden Varietäten gibt es auch eine ganze Reihe verwandter Zierarten, die, ohne Früchte zu tragen, von großem Nutzen sind. So sondert die im gesamten Mittelmeerraum wild vorkommende Terpentinpistazie (Pistacia terebinthus) ein duftendes Harz ab, das bei der Herstellung von Lacken Verwendung findet. Der ebenfalls verwandte Mastixstrauch (Pistacia lentiscus) liefert ein aromatisches Harz, das in Form eines kristallisierten Gummis in der Küche ganz Nordafrikas und des Nahen Ostens als Gewürz dient.

Die echte Pistazie besitzt wie ihre Artgenossen zusammengesetzte Blätter. Sie ist zweihäusig, also entweder weiblich oder männlich. Für die Bestäubung durch Windübertragung ist es daher erforderlich, Bäume beider Geschlechter anzupflanzen. Wer schon einmal einen Pistazienbaum gesehen hat, zum Beispiel auf der griechischen Insel Ägina, auf der ausgedehnte Kulturen die Küste säumen, weiß, was sich hinter seinem Namen »Baum des ausgedorrten Bodens« verbirgt. Der trockene, bleiche und gewundene Stamm ragt aus einem von der Sonne ausgezehrten Boden heraus. An seinem Fuß haben die Pistazienbauern eine Mulde ausgehoben, um das wenige Wasser zu sammeln, das sie ihm bieten können. Still und fast reglos (der Wind scheint seinen dicken Blättern und gestutzten Zweigen kaum zu imponieren) trotzt er noch der schlimmsten Trockenheit und bringt unbeeindruckt jedes Jahr Trauben seiner kleinen rötlich-violetten Früchte hervor. Der Pistazienbaum braucht Hitze ebenso wie Kälte. Mindestens 1000 Stunden unter 7 °C sind in den Wintermonaten nötig, damit es zu einer normalen Fruchtbildung kommt. Obwohl er gefrorene Böden nicht liebt und seine Blüten dem Frühjahrsfrost schlecht standhalten, widersteht er Temperaturen bis zu −30 °C. In Gegenden fortschreitender Verwüstung ist die Pistazie häufig der Baum, der am längsten überlebt. Er wird mit durchschnittlich fünf bis acht Metern nicht besonders hoch, verträgt leicht salzhaltige Böden und kann sehr alt werden. In der Negev-Wüste steht ein 300 Jahre alter Pistazienbaum, der alle anderen Arten überlebt hat. Forscher versuchen seit langem, aus seiner DNA die Informationen zu isolieren, die Pflanzen große Trockenheit überstehen lassen.

Lebensraum und Anbau

Der Pistazienanbau erstreckt sich über den gesamten Nahen Osten und einen Großteil des Mittelmeerraums. Die Regionen entsprechen in etwa denen der Oliven- und Mandelkulturen. Seit der Iran in den 1920er Jahren begann, seine Kulturen massiv auszubauen, hat sich das Land mit einem Anteil von 55 % zum weltweit größten Erzeuger entwickelt. Es folgen die Türkei (20 %), die USA – dank der sehr trockenen Wüstenzonen in Arizona, New Mexico und Kalifornien –, Syrien, Australien, Tunesien, Italien (hauptsächlich Sizilien) und Griechenland. Pistazienplantagen in Marokko sind in Vorbereitung. Ein Pistazienbaum produziert etwa 20 Kilogramm Früchte pro Jahr; er braucht sieben bis zehn Jahre, bis er entsprechende Erträge erzielt. Die durchschnittliche Ertragsphase beträgt etwa 40 Jahre. Auf der nördlichen Halbkugel hält der Pistazienbaum von Dezember bis Februar »Winterschlaf«. Ende März erfolgt die Blüte und anschließend mit Unterstützung der Aprilwinde die Bestäubung. Die Ausbildung des Samenkerns beginnt Ende Juni und ist bis August abgeschlossen. Geerntet wird von September bis Mitte Oktober, bevor die Schalen aufzuplatzen beginnen. Der Einsatz von Pestiziden ist streng begrenzt. Im Iran werden die Pistazien auch nach der Ernte nicht behandelt. Die geernteten Früchte werden maschinell sortiert und in ein Bad getaucht, um die aufschwimmenden leeren Nussschalen auszusortieren. Dann werden sie von ihrer Fruchthülle, dem Exokarp, befreit, in der Sonne getrocknet und anschließend verlesen. Die ausgelösten Pistazienkerne werden entweder geschält – die dünnen Häutchen entfernt und die leuchtend grünen Kerne auf Gittern getrocknet –, unbearbeitet gelassen (so werden sie weniger schnell ranzig), gehackt oder gemahlen. Noch bis vor kurzem wurden Pistazien vor allem geröstet sowie gesalzen und als Snack zum Aperitif angeboten. Inzwischen ist die Palette der Produkte vielfältiger geworden: gesalzen, ungesalzen, ganz oder ausgelöst, geschält, gemahlen oder als Paste für die Patisserie ... Und nicht zu vergessen: das wunderbare Öl, das aus den gerösteten und sorgfältig geschälten Pistazienkernen gewonnen wird.

Therapeutische Wirkungen und Anwendungen

Pistazien sind reich an Fett (etwa 50 % ihres Gewichtes) und Eiweiß (etwa 25 %), enthalten aber wenig Zucker. Ihr Fettgehalt besteht zu 88 % aus ungesättigten Fettsäuren – zu 54 % aus einfach ungesättigten Fettsäuren (Ölsäure) und zu 34 % aus mehrfach ungesättigten Fettsäuren (Linolsäure). Der hohe Anteil essenzieller Fettsäuren macht Pistazienöl besonders geeignet, um überschüssiges »schlechtes« Cholesterin (LDL-Cholesterin) abzubauen. Außerdem ist es ein ergiebiger Lieferant von Mineralien wie Kalium, Kalzium und Magnesium sowie der Vitamine A (160 Milligramm pro 100 Gramm), E (19 Milligramm pro 100 Gramm) und der B-Gruppe (B1, B3, B6). Pistazienöl ist gewissermaßen die Essenz dieser wertvollen Nuss und die beste Art, in konzentrierter Form von ihren Vorzügen zu profitieren. Da es sehr hautfreundlich ist, wird es auch in der Kosmetik für pflegende, schützende und Feuchtigkeit spendende Cremes und Lotionen eingesetzt.

Aroma und Geschmack

Neben seiner wunderschönen, leuchtenden Farbe, die besonders gut auf weißem Geschirr und hellen Zutaten zur Geltung kommt, besticht Pistazienöl durch einen kräftigen Duft und ein ausgeprägtes Röstaroma. Dahinter entfaltet sich jedoch ein unverändert reiner Pistaziengeschmack. Während sich die Nuss im Geschmack eher mild und zurückhaltend gibt, ist ihr Öl kraftvoll, ausdrucksstark und lang anhaltend. Nach einem kurzen Moment stellt sich eine holzige und leicht metallische Note ein. Die große Ähnlichkeit zum natürlichen Geschmack der Pistazie macht das Öl sowohl für würzige als auch für süße Speisen, zum Beispiel Gebäck mit Früchten, geeignet.

Pistazien und ihr Öl kulinarisch

Original und Fälschung

Im französischsprachigen Teil Afrikas und auf den Inseln im Indischen Ozean hört man häufig den Begriff *pistache – sauce pistache* oder *pâte de pistache*. Dabei handelt es sich aber nicht um Pistazien, sondern um *pistaches de terre* – Erdpistazien bzw. Erdnüsse oder Kürbiskerne, die als Paste verwendet werden.

Die wegen ihrer relativen Seltenheit genauso bekannte wie verkannte kleine grüne Nuss bringt, in welcher Form auch immer, Charme und Schönheit in die Küche. Häufig wird sie eher als Schmuckstück verwendet denn als eigenständige Zutat, um etwa eine Mortadella zu zieren oder eine Wurst bzw. Pastete zu veredeln, ohne viel Geschmack, dafür aber etwas Konsistenz beizusteuern. Erst wenn sie zum Hauptbestandteil avancieren, entfalten Pistazien ihre wahren kulinarischen Qualitäten. Am besten versteht man sich darauf im Orient. Von Nordafrika bis nach Indien gibt es zahllose Backwaren, Cremes, Füllungen, Saucen, Eis- und andere Süßspeisen, in denen die Pistazie »zur Hochform« aufläuft. Im Nahen Osten und in Indien streut man gehackte oder gemahlene Pistazien gern über weiße Gerichte und Milchspeisen. Die Affinität zwischen den Nüssen und sahnehaltigen Süßspeisen ist erstaunlich. Das Öl ist etwas launisch und verträgt sich nicht mit allem. Es harmoniert gut mit zitronigen Aromen, jedoch nicht mit Essigsorten ohne Zucker. Daher sollte man es nur mit Balsamico-, Honig- oder Melfor-Essig (eine Art Honigessig mit Kräutern aus dem Elsass) kombinieren. Besonders gut schmeckt es zu Blattsalaten, von den hellsten Sorten wie Chicorée bis zu den dunkelsten wie Römersalat, Portulak, Feldsalat und Little Gem (Mini-Lattich); in Verbindung mit würzigeren Kräutern wie Rauke und Kresse überzeugt es hingegen weniger. Zur Traumkombination wird Pistazienöl mit Avocados, Roter Bete, Äpfeln oder rohen Birnen. Auch mit grünem Gemüse in jeglicher Form sowie mit geräuchertem, gebratenem oder pochiertem Fisch verträgt es sich ausgezeichnet.

Aprikosen-Pstilla mit Pistazienöl

Für 4 Personen
Vorbereitung 20 Minuten
Garzeit 15 Minuten

8 große reife Aprikosen • 6 getrocknete Aprikosen • 2 EL Lavendelblütenhonig • 1/2 TL getrocknete Lavendelblüten • 4 Filoteig- oder Brickteigblätter • 4 EL Pistazienöl

🝂 Die Aprikosen waschen, entsteinen und vierteln. Die getrockneten Aprikosen in kleine Stücke schneiden. Die Früchte in einer Schüssel mit dem Lavendelhonig und den Lavendelblüten vermengen.

🝂 Den Backofen auf 210 °C vorheizen.

🝂 Die Filo- oder Brickteigblätter mit dem Pistazienöl bestreichen und vier Tartelette-Formen von etwa 12 cm Durchmesser damit auskleiden. Die Fruchtmischung gleichmäßig einfüllen und die Teigränder zum Verschließen über die Früchte schlagen.

🝂 Die Teigpakete in der Form wenden, so dass nun die verschlossene, obere Seite zuunterst liegt. Die Aprikosen-Pstilla im Backofen etwa 15 Minuten backen, bis der Teig goldbraun und knusprig ist. Lauwarm und nach Belieben mit Eiscreme oder Joghurt servieren.

Tipp

Pstilla ist eine marokkanische Spezialität, die im Original mit Huhn und Nüssen hergestellt wird. Dies ist eine Variante mit Aprikosen.

Halten Sie immer einige Filo- oder Brickteigblätter im Kühlschrank vorrätig. Sie sind sehr lange haltbar und lassen sich zu zahlreichen Desserts und Vorspeisen verarbeiten. Nach dem gleichen Prinzip können Sie beispielsweise auch pikante Teigtaschen zubereiten: Einen kleinen Ziegenkäse mit frischen Kräutern auf ein Filoteigblatt setzen und mit etwas Pistazienöl beträufeln. Das Teigpaket verschließen und in Olivenöl in einer beschichteten Pfanne in 5 Minuten goldgelb backen. In gleicher Weise können Sie mit Thunfisch in Öl, einem rohen Ei oder auch mit Ölsardinen und ein wenig Harissa verfahren.

Lauwarmer Kartoffelsalat mit geräucherter Makrele, roten Zwiebeln und Pistazien-Vinaigrette

Für 4 Personen
Vorbereitung 10 Minuten
Garzeit 15–20 Minuten
Marinierzeit 15 Minuten

800 g Kartoffeln (festkochend) • 3 Lorbeerblätter • 4 EL Pistazienöl • 2 EL würzig-süßes Olivenöl • 3 El Balsamico-Essig • Salz und Pfeffer aus der Mühle • 4 rote Zwiebeln • 2 geräucherte Makrelenfilets

🌢 Die Kartoffeln schälen und in einem großen Topf in kochendem Salzwasser mit den Lorbeerblättern in etwa 20 Minuten garen.

🌢 Inzwischen die Vinaigrette zubereiten: Das Pistazienöl mit dem Olivenöl und dem Balsamico verrühren und mit Salz und einigen Umdrehungen aus der Pfeffermühle abschmecken. Die Zwiebeln abziehen, in dünne Ringe schneiden und unter die Vinaigrette mischen. Die Makrelenfilets in Stücke zerteilen.

🌢 Die Kartoffeln abgießen und in Scheiben schneiden. In einer Salatschüssel die Makrelenstücke und die Kartoffeln behutsam vermengen und mit der Vinaigrette übergießen. Den Salat vorsichtig durchmischen und mit Frischhaltefolie bedeckt bei Zimmertemperatur etwa 15 Minuten durchziehen lassen, damit sich die Aromen miteinander verbinden können.

Tipp

Dieser Salat schmeckt lauwarm besser als kalt; daher ist es ratsam, die Kartoffeln erst im letzten Moment zu garen.
Dazu passt ein Feldsalat mit Pistazienöl und etwas lauwarmem Apfelkompott, aromatisiert mit Viergewürzpulver.

Rosen-Eiscreme mit Pistazienbiskuit, Himbeeren und kandierten Rosenblättern

Für 4 Personen
Vorbereitung 45 Minuten
Garzeit 25 Minuten
Kühlzeit 24 Stunden

80 g ungesalzene Pistazienkerne • 30 g gemahlene Mandeln • 25 g Mehl • 30 g feiner Zucker • 2 Eiweiße • 2 EL Honig • 4 EL (70 g) Pistazienöl • 200 g Himbeeren • 100 g Puderzucker • 5 Tropfen Rosenwasser (im Feinkostladen oder in Läden für orientalische Spezialitäten erhältlich) • Rosenblätter zum Dekorieren
Für die Rosen-Eiscreme: 1/2 l Milch • 1/2 l Sahne • 2 Vanilleschoten • 12 Eigelbe • 220 g feiner Zucker • 10 Tropfen Rosenwasser • 1 Hand voll kandierte Rosenblätter

⬦ Am Vortag das Roseneis zubereiten: In einem Topf die Milch mit der Sahne vermengen, die längs halbierten Vanilleschoten einlegen, alles zum Kochen bringen. Die Eigelbe mit dem Zucker schaumig schlagen und anschließend in die nicht mehr kochende Milch einrühren. Auf niedriger Stufe beständig weiterrühren, bis die Mischung leicht eindickt und den Rücken des Rührlöffels überzieht. In eine Schüssel umfüllen, das Rosenwasser unterrühren und auskühlen lassen. Die Eismasse im Kühlschrank 24 Stunden ziehen lassen.

⬦ Am nächsten Tag die Vanilleschoten entfernen und die Creme in einer Eismaschine etwa 30 Minuten gefrieren lassen.

⬦ Den Backofen auf 240 °C vorheizen.

⬦ Die Pistazien mahlen. In einer Schüssel mit den gemahlenen Mandeln vermengen und das Mehl und den feinen Zucker zugeben. Gründlich durchmischen und anschließend mit einem Spatel die steif geschlagenen Eiweiße, den Honig und zuletzt das Pistazienöl einarbeiten. Den Teig in eine runde, beschichtete Biskuitform füllen und 5 Minuten backen. Die Temperatur auf 180 °C reduzieren und weitere 10 Minuten backen.

⬦ Die Himbeeren mit dem Puderzucker bestäuben, das Rosenwasser zugeben und behutsam durchmischen. Ein paar kandierte Rosenblätter zerkrümeln und unter die Eiscreme ziehen, mit einigen ganzen Rosenblättern dekoriert und zusammen mit dem Biskuit und den Himbeeren servieren.

Rezept von Laurence Perceval-Hermet, *Les Deux Abbesses*, Saint-Arcons-d'Allier

Gedämpfte Riesengarnelen mit weißen Pfirsichen und süßer Pistazien-Vinaigrette

Für 4 Personen
Vorbereitung 10 Minuten
Garzeit etwa 5 Minuten

16 Riesengarnelen oder Gambas • Salz und weißer Pfeffer • 3 weiße Pfirsiche • Saft von 1/2 Zitrone • 1 EL ungesalzene geschälte Pistazienkerne • 3 EL Pistazienöl • 1 EL Honigessig

🌢 Die Garnelen aus der Schale lösen, das Schwanzsegment aber daran belassen. Die Garnelenschwänze der Länge nach einschneiden und den dunklen Darm entfernen. Salzen, etwas pfeffern und kalt stellen.

🌢 Salzwasser in einer Kasserolle zum Kochen bringen. Die Pfirsiche hineingeben und 2 Minuten blanchieren. Unter fließendem kaltem Wasser abschrecken, häuten und in dünne Spalten schneiden. Die Pfirsichspalten mit dem Zitronensaft beträufeln, damit sie nicht braun werden. Die Pistazien grob hacken.

🌢 In einer kleinen Schüssel das Pistazienöl mit dem Honigessig verrühren.

🌢 Die Garnelen 3 Minuten dämpfen. Inzwischen die Pfirsichstücke auf Tellern oder in Schüsselchen verteilen und mit den gehackten Pistazien bestreuen. Die heißen Garnelen darauf anrichten, mit der Vinaigrette überziehen und sofort servieren.

Tipp

Ungesalzene geschälte Pistazienkerne finden Sie in Supermärkten in der Backwarenabteilung neben den Mandelblättchen, Haselnusskernen und anderen Trockenfrüchten. Sie lassen sich sowohl für pikante Zubereitungen, wie Salate, Basmati-Reis und indische Currys, als auch für zahlreiche Süßspeisen verwenden.

Rote-Bete-Carpaccio mit Manchego und Pistazienöl

Für 4 Personen
Vorbereitung 15 Minuten
Marinierzeit 30 Minuten

1 Hand voll junge Rote-Bete-Triebe • 2 große, im Ofen gegarte Rote Beten • 80 g Manchego (spanischer Schafskäse) • 2 Frühlingszwiebeln • 3 EL Pistazienöl • 1 EL fruchtig-herbes Olivenöl • 2 EL Balsamico-Essig • Salz und Pfeffer aus der Mühle

◊ Die Rote-Bete-Triebe waschen und abtropfen lassen. Die gegarten Roten Beten schälen und in hauchdünne Scheiben schneiden oder hobeln. Den Manchego mit einem Sparschäler hobeln. Die Frühlingszwiebeln waschen und in feine Ringe schneiden.
◊ In einer Schüssel das Pistazienöl mit dem Olivenöl und dem Essig verrühren. Mit Salz und Pfeffer würzen und alles mit einer Gabel gut verschlagen.

◊ Die Rote-Bete-Scheiben auf Tellern anrichten und mit der Hälfte der Pistazien-Vinaigrette überziehen. Mit Frischhaltefolie bedecken und bei Zimmertemperatur etwa 30 Minuten marinieren lassen.
◊ Die Rote-Bete-Blätter, die Manchego-Späne und die Frühlingszwiebeln in der restlichen Pistazien-Vinaigrette wenden, auf dem Rote-Bete-Carpaccio anrichten und sofort servieren.

 Tipp

Wenn Sie im Winter und Frühling auf dem Markt frische Rote Beten sehen, sollten Sie keine Sekunde zögern. Kaufen Sie einige gleich große Exemplare, die sie in Alufolie eingewickelt im Backofen bei 180 °C mindestens 2 Stunden garen. Zum Prüfen des Gargrads die Rüben mit einer Messerspitze einstechen. Frische Rote Beten sind einfach ungleich schmackhafter als die bereits vorgekochten »Kollegen«.

Die Walnuss wird nicht immer angemessen gewürdigt. Vielen gilt sie als zu rustikal,

als würde ihr kräftiger Geschmack die kultiviertesten Großstädter unter uns allzu

sehr an eine ländlich-bäuerliche Welt erinnern, die sie überwunden glaubten. Die

Nuss scheint in ihrer Schale zu kauern, als wolle sie die Erinnerung an eine längst

vergangene Zeit bewahren. Sie enthält eines der wertvollsten Pflanzenöle, von dem

meist nur den Salaten einige zaghafte Tröpfchen vergönnt sind.

Walnussöl

Der Baum der Mysterien

Der Walnussbaum scheint so fest im europäischen Landschaftsbild verwurzelt, als sei er schon immer da gewesen. Zwar existierte der Baum in wilder Form bereits in prähistorischen Zeiten – in Frankreich fand man 8 000 Jahre alte versteinerte Walnussschalen –, doch musste er noch bis zur hellenistischen Epoche (3. bis 1. Jahrhundert v. Chr.) warten, bis er seine »Karriere« in veredelter Form in unseren Breiten begann. Er teilt die Geschichte vieler anderer Obstbäume: In Zentralasien geboren, ist sein bevorzugter Lebensraum die Ebene und leichtes Hügelland. Die Perser waren die ersten, die den Baum veredelten und damit die Züchtung fleischiger, aromatischer Walnusssorten ermöglichten. Die Römer kultivierten den Walnussbaum ab dem Ende der Römischen Republik (27 v. Chr.) und schätzten besonders sein Holz für den Möbelbau. Vermutlich waren auch sie es, die den Baum nach Großbritannien brachten, wo seine Früchte *English walnut* genannt wurden, ein etymologischer Widerspruch, denn Walnuss (niederdeutsch *walnut* und angelsächsisch *wealh hnutu*) bedeutet eigentlich Welschnuss, also: fremdländische Nuss. Sehr viel später, um 1770, gelangte die persische Walnuss im Gepäck von Franziskanermönchen nach Nordamerika, wo sie in kalifornischen Boden eingepflanzt wurde. Regionale Sorten sowie die Pekannuss existierten dort allerdings schon. Lateinisch heißt die Walnuss *juglans*, zusammengesetzt aus *jovis* und *glans:* Jupitereichel. Der Legende nach lebten die Menschen im goldenen Zeitalter von Eicheln und die Götter von Walnüssen.

Das Beiwort ihres botanischen Gattungsnamens *Juglans regia* ist ein Nachhall des königlichen Status' der Walnuss in ihrem Ursprungsland Persien. Der römische Historiker Plinius berichtete, dass die persischen Könige ihre schönsten und edelsten Walnüsse den griechischen Würdenträgern sandten. Lateinischen Autoren zufolge leitet sich der altgriechische Name *karuon* für die Walnuss von *kara* (Kopf) ab – eine anatomische Parallele zwischen dem menschlichen Kopf und der Nuss (die Schale gleicht dem Schädel und der Nusskern dem Gehirn), die auch der Medizin nicht verborgen blieb. Sie wurde im Mittelalter durch die Signaturlehre des Paracelsus wieder aufgenommen und trug ihr Übriges zum reichen Inventar an Mystizismen und magischen Kräften bei, die sich um den Walnussbaum rankten. Dabei geht der griechische Name in Wirklichkeit vermutlich auf den prähellenistischen Totengott Kar zurück.

Der Walnussbaum ist eng mit zahlreichen Mythen und Legenden um Tod, Wiederauferstehung und Jenseits verbunden, ein zwiespältiger Ruf, der in vielen Gegenden lange Zeit im kollektiven Bewusstsein überdauert hat. So hatte der Baum auch im christlichen Europa keinen guten Stand, das eilig alles als bösen Zauber oder Hexerei brandmarkte, was in der Antike noch als große Magie galt. Dabei geht es nicht um den harmlosen, wohlwollenden Zauber, der den Haselnussbaum umgibt, sondern um abgrundtiefe Mysterien, ja sogar um mediale, okkulte Kräfte. Während die Haselnuss die Weisheit symbolisiert, umgibt die Walnuss die Aura der verborgensten Geheimnisse. Selbst die Gallier, die sich nicht so leicht durch pflanzliche Magie einschüchtern ließen, misstrauten dem Baum und sagten ihm hellseherische Kräfte nach. Wollte Dagda, der Gott der Magie im keltischen Irland, in die Zukunft sehen, begab er sich unter einen Walnussbaum, bis zwei Krähen geflogen kamen und ihm kommende kriegerische Erfolge voraussagten. Wenn ein Normalsterblicher am Fuß des Baumes einschlief, konnte er im Traum sehen, was ihm im Verlaufe des Jahres widerfahren sollte. Da im Mittelalter übernatürliche Kräfte nicht besonders hoch im Kurs standen, verwundert es kaum, dass dem Baum ein diabolischer Ruf anhaftete.

Den Walnussbaum umschattet eine dunkle Aura. Er strahlt nicht gerade Ausgelassenheit aus. Er ist schön, aber nicht heiter und häufig einsam. Sein Holz ist dunkel, wenn auch von hervorragender Qualität; die schützende Hülle seiner Früchte sondert eine dunkelbraune Farbe ab; sein dichtes Laub verströmt einen Hauch Kälte. Wächst er nahe am Haus, so dass seine Wurzeln unter die Stallungen dringen, ist der Tod des Viehs sicher, so der Volks-

Heilkräuter im 17. Jahrhundert

Seit Urzeiten preisen Mediziner und Botaniker die Walnuss. Mitte des 17. Jahrhunderts schrieb der englische Arzt Nicholas Culpeper: »Die Blätter der Walnuss, mit Zwiebeln, Salz und Honig verzehrt, heilen den Biss eines rasenden Hundes und wirken dem Gift jedweden Tieres entgegen etc. [...] Die Kerne der Walnuss werden mit der Zeit immer traniger und daher für den Verzehr ungeeignet, doch kann man sie zur Behandlung von Sehnenverletzungen, Brand und Furunkeln verwenden. [...] Man sagt den gerösteten Nüssen eine adstringierende Wirkung nach. [...] Ihr Öl, mit Rotwein zu einer Salbe vermengt, stoppt Haarausfall und sorgt für eine schöne Kopfhaut.« Und schließlich: »Ein Stück der Fruchthülle, in ein Zahnloch gesteckt, lindert den Schmerz.« Ein Rezept, das noch heute in der Volksweisheit widerhallt: Bei Zahnschmerzen soll man neunmal auf eine grüne Walnuss beißen.

Dion, König der griechischen Provinz Lakonien, erhielt eines Tages Besuch vom Gott Dionysos. Dion präsentierte ihm seine drei Töchter Orphe, Lyko und Karya. Als der Gott sich in Karya, die jüngste der drei, verliebte, eilten ihre Schwestern zu ihrem Vater und verrieten die Romanze. Dion bestrafte die Denunziantinnen, indem er sie in Felsen verwandelte. Darauf verfiel Karya in so großen Kummer, dass sie darüber starb. Die Götter empfanden Mitleid und verwandelten sie in einen Walnussbaum. Das Volk Lakoniens verehrte Karya unter dem Namen Artemis Karyatis und errichtete ihr einen Tempel, dessen Säulen das in Walnussholz geschnitzte Abbild der Göttin darstellten. Seitdem nennt man Säulen in Form weiblicher Gewandfiguren Karyatiden.

glaube. »Sein Schatten macht den Geist des Menschen schwerfällig und bringt Schaden über alles, was um ihn herum wächst«, sagte Plinius. Tatsächlich ist sein Laubwerk undurchdringlich und kalt. Es lässt jeden, der sich in seinem Schatten aufhält, eigenartig frösteln und verströmt einen bitteren Duft. Doch eine viel ernstere Sache mag der eigentliche Grund für seinen schlechten Ruf sein: Die langen Wurzeln des Walnussbaums sondern ein Gift ab, das die Entwicklung anderer Pflanzenarten in seiner unmittelbaren Nähe hemmt.

Während der Walnussbaum zum Teil auf wenig Vertrauen stößt, spricht man den Nüssen bereitwilliger wohltuende Eigenschaften zu: Ergiebigkeit, Reichtum, Glück. Auf römischen Hochzeiten wurden Walnüsse als Glücksbringer gereicht, eine Tradition, die sich in vielen anderen europäischen Kulturen erhalten hat. In den nordischen Ländern werfen die Verlobten zwei Walnüsse ins Feuer: Verbrennen sie still und leise, wird die Ehe glücklich verlaufen. Springen sie aber auf und entfernen sich voneinander, ist es ein schlechtes Omen. Walnüsse mit drei Schalen sind die wirksamsten Talismane. Sie schützen vor jeglichem Übel und versprechen Reichtum.

Ein kalter Genosse, der Wärme braucht

In unseren Breiten ist hauptsächlich die Gemeine Walnuss persischen Ursprungs, *Juglans regia*, bekannt. Der schöne, stattliche Baum erreicht 30 Meter Höhe und sein Stamm bis zu zwei Meter im Durchmesser. Er wird mühelos 100 Jahre und älter. Sein gewöhnlich gerader, zylindrischer Stamm hat kräftige, ausladende Äste, die eine weite, majestätische Krone bilden. Da der Baum Wärme braucht, beginnt die Wachstumsperiode relativ spät. Erst im fortgeschrittenen Frühling kleidet er sich mit seinem schönen, kräftig und leicht bitter duftenden Laub. Die großen, eiförmigen und schwach gezahnten Blätter sind von dunklem Grün, das zum Herbst hin verblasst. Der Walnussbaum verträgt durchschnittlich kalte Winter problemlos, leidet aber bei extremer Kälte. Spätfrost kann seine Knospen zerstören. Der Walnussbaum braucht viel Licht und wächst daher oft vereinzelt am Straßenrand oder auf einer Wiese. Er bevorzugt tiefgründige, sickerfeuchte und gut durchlüftete Böden. Die Ertragzeit ist wie bei der Kastanie erstaunlich lang. Ein Walnussbaum kann bis zu 200 Jahre lang Früchte tragen. Die im Oktober reifen Früchte fallen von selbst ab. Ihre grüne äußere Hülle färbt sich dunkel, vertrocknet und löst sich schließlich von der Nuss. Die harte, holzige und gefurchte Schale enthält zwei mit einem bitteren Häutchen überzogene Samenlappen, den Walnusskern. Neben der *Juglans regia*, der am meisten verbreiteten Art, gibt es weltweit noch rund 15 weitere Arten der

Die Walnuss, ein Abbild des Kopfes

Die bei den Ärzten im Mittelalter lange Zeit sehr populäre hermetische Signaturlehre entstammt der Alchimie. Suchte man ein Mittel gegen Krankheiten, die ein bestimmtes Organ befielen, musste man nur in der Natur nach etwas suchen, was dem Organ der Form nach ähnelte, eine Art Zwiesprache mit der Natur. Nun hat kaum eine Pflanze die Forscher so sehr inspiriert wie die Walnuss. William Cole, ein Anhänger dieser Lehre, schrieb 1657: »Die Walnuss ist das perfekte Abbild des Kopfes: Die grüne Hülle oder Rinde stellt den äußeren Schädel oder die Kopfhaut dar, auf der die Haare wachsen. Daher ist ein aus dieser Rinde gewonnenes Salz ein ausgezeichnetes Mittel gegen Kopfverletzungen. Die holzige Schale der Nuss hat die Form des Schädels und die dünne, gelbe Haut, die den Samenkern umschließt, gleicht der Dura-Mater und der Pia-Mater (Hirnhaut), jener feinen Membran, die das Gehirn umschließt. Der Samenkern selbst gleicht in vollendeter Weise dem Gehirn und wirkt sich daher sehr günstig auf dasselbe aus. Er bietet Schutz vor Vergiftungen, und wenn man die zermahlenen Samen mit Weingeist benetzt und auf den Haarkranz aufträgt, werden Kopf und Gehirn erheblich gestärkt.«

Gattung Juglans, darunter die schöne, bis zu 50 Meter hohe Schwarznuss (*Juglans nigra*), deren Lebensraum sich von Ontario bis nach Texas erstreckt, die Butternuss (*Juglans cinerea*), eine ähnliche, mit 20 Metern aber etwas kleinere Version, oder auch die *Juglans cordiformis* (Herznuss), deren Nusskerne, wie der Name schon sagt, herzförmig sind. Ebenfalls aus der Familie der *Juglandazeen* ist die Pekannuss, eine nahe Verwandte der Walnuss. Sie gehört zur Gattung der *Carya* oder *Hicoria* (Hickorybäume). Alle Bäume dieser Gattung werden wegen ihrer Früchte und ihres harten Holzes geschätzt, dessen erstklassige Qualität in der Tischlerei- und Intarsienkunst begehrt ist.

Lebensraum, Anbau und Verarbeitung

Die Echte Walnuss ist in allen gemäßigten Zonen mit heißen Sommern zu Hause. In Europa ist sie vor allem im Zentrum und Südosten des Kontinents verbreitet. Man findet sie auch in Griechenland und im gesamten Mittelmeerraum, wo besonders die Patisserie große Stücke auf die Nüsse hält. Zwar zieht der Walnussbaum die Einsamkeit vor, doch duldet er auf ausgedehntem Terrain und in gebührendem Abstand zu den anderen auch die Gesellschaft seiner Artgenossen. Nach der Anpflanzung zwischen November und April folgt zunächst eine recht lange Wachstumsphase. Erst im Alter von zwölf Jahren tragen Walnussbäume Früchte. Die Hauptertragsphase dauert etwa bis zum 50. Lebensjahr. Die Bäume müssen jedes Jahr geschnitten und gegen diverse Krankheiten und Parasiten geschützt werden, vor allem gegen Anthraknose (durch Pilze verursachte Pflanzenkrankheit), Bakteriose, Milben und Würmer. Geht die Ertragsphase ihrem Ende entgegen, werden die Bäume gefällt und das Holz an die Kunst- und Möbeltischlerei verkauft.

Die Nüsse, die sich im reifen Zustand leicht ablösen lassen, wurden früher abgeschlagen, von ihrer Hülle befreit (daraus wurden häufig dunkelbraune Beizen und Farbstoffe gewonnen) und anschließend in Körben gelagert. Die eintönige Arbeit erforderte zahlreiche helfende Hände. Heute ist die Ernte weitgehend in der Hand von Maschinen. Eine Rüttelmaschine schüttelt die Früchte zu Boden und eine weitere Maschine sammelt sie auf. Um diesen Vorgang zu erleichtern, muss der Untergrund allerdings eben, am besten mit Rasen bepflanzt und tadellos sauber sein. Nach der Ernte werden

die Nüsse gewaschen, verlesen und je nach klimatischen Bedingungen drei bis fünf Tage zum Trocknen ausgelegt. Walnüsse, die für die Ölgewinnung oder für den trockenen Verzehr bestimmt sind, werden zusätzlich einen weiteren Monat lang getrocknet.

Die USA sind der weltweit größte Walnussproduzent, gefolgt von China und Frankreich. Die größten Walnusshaine der Welt befinden sich in Kalifornien, wo die Gemeine Walnuss die Schwarznuss und die Hickorynuss verdrängte, da sie sich zu schwer aus der Schale lösen lassen. Die bedeutendste Region in Frankreich, dem wichtigsten europäischen Erzeuger, ist der Südwesten (Périgord und Quercy), wo die Sorten *Marbot, Franquette, Corne* und *Grandjean* angebaut werden. Es folgt die Dauphiné, wo die hauptsächlich im Tal der Isère angebauten Sorten *Mayette, Franquette* und *Parisienne* seit 1938 zu einer Appellation d'origine contrôlée (AOC »noix de Grenoble«) zusammengefasst sind. Im Périgord existiert seit 2002 die AOC »noix de Périgord«, die sich auf 578 Gemeinden der Departements Dordogne, Charente, Lot und Corrèze erstreckt.

Walnussöl, das in Flaschen oder Metallkanistern im Angebot ist, wird immer aus den Nüssen der *Juglans regia* gewonnen. Das meiste Öl stammt aus Frankreich, wo es in der Regel durch traditionelle Pressverfahren extrahiert wird. Egal, ob es aus dem Périgord, der Auvergne oder dem Poitou stammt, das Verfahren ist in etwa immer dasselbe. Für einen Liter Öl benötigt man etwa sechs Kilogramm Nüsse; das entspricht zwei Kilogramm Walnusskernen. Um schnelles Ranzigwerden zu vermeiden, müssen die ausgelösten Kerne möglichst rasch ausgepresst werden. Sie werden zuerst unter dem Mühlstein zermahlen. Das gewonnene Pulver wird dann in einem Kessel oder einer großen Pfanne behutsam auf 50 bis 70 °C erhitzt. Von dieser heiklen Prozedur hängt der Duft und spätere Geschmack des Öls ab. Erhitzt man es zu gering, schmeckt es fade; erhitzt man es zu stark, wird es bitter. Anschließend wird das erhitzte Pulver auf Pressmatten aufgetragen, übereinander gestapelt und mit rund 200 Kilogramm pro Quadratzentimeter ausgepresst. In anderen Fällen wird die pulverisierte Paste in einen mit Tuch ausgekleideten Holzbottich gefüllt und ausgepresst. Bei einem dritten Verfahren werden für diesen Vorgang Schneckenpressen verwendet (Fleischwolfprinzip). Das abfließende Öl wird in Glasballons aufgefangen, bevor man es in Flaschen abfüllt. Der Presskuchen wird als Tierfutter verwendet, eignet sich aber auch als Köder zum Angeln.

Walnussöl in der Dauphiné

Im französischen Departement Dauphiné nennt man das Schälen der Walnüsse vor dem Auspressen *la mondée* (abgeleitet von *monder* = schälen). Um diese mühsame Arbeit etwas unterhaltsamer zu gestalten, bildeten die Bauern ab Ende des 19. Jahrhunderts gesellige Runden, um sie im gemütlichen Beisammensein zu erledigen. So wurden die *mondées* schließlich zu einer Reihe festlicher Abende, die ab November bis Mitte des Winters reihum auf den Höfen stattfinden. Zu Beginn werden die Walnüsse auf dem Tisch ausgebreitet. Jeder Teilnehmer knackt die Nüsse mit einem Hammer auf einem Ziegel, der auf dem linken Oberschenkel ruht. Dabei bemüht er sich, den Kern im Ganzen und ohne Reste der holzigen Scheidewand herauszulösen, da sie die Extraktion des Öls beeinträchtigen würden. Anschließend werden die Walnusskerne in Säcke verpackt. Die schönsten wandern in die Konditoreien und der Rest in die Ölmühlen. Jeder Kleinerzeuger bringt seine eigenen Nüsse in Säcken, die mit seinem Namen beschriftet sind, zur Mühle und wartet, bis er an der Reihe ist. In Korbflaschen abgefüllt, nimmt er das Öl schließlich mit nach Hause.

Therapeutische Wirkungen und Anwendungen

Wenn man sich heute die zahllosen Heilwirkungen der Walnuss und der anderen Teile des Baums vor Augen führt, ist es kaum nachzuvollziehen, dass der Walnussbaum in seiner langen Geschichte nicht schon früher als außerordentlich gesundheitsfördernd erkannt wurde. Die Liste der Beschwerden, die sich mit ihm behandeln lassen, ist überwältigend: Durchfall, Verstopfung, Blasen- und Nierensteine, Dermatosen, Würmer, darunter der Bandwurm, Tuberkulose, Haarausfall, Diabetes, Flechten, Appetitlosigkeit, Impotenz, Schwäche der Leber und Bauchspeicheldrüse, Asthenie, Rachitis, Anämie, Gicht, Angina, Ekzeme, Tripper, Störungen des Lymphsystems, Rheuma, Knochenkrankheiten, Zahnschmerzen ... Die Hände und das Gesicht mit frischen Walnussblättern abgerieben, schützt vor Insektenstichen. Ein Aufguss aus den Blättern und den Fruchthüllen sorgt für schönes Haar. Einreibungen oder Massagen mit Walnussöl werden bei Kindern empfohlen, die an Rachitis, Blutarmut oder Wachstumsstörungen leiden.

Walnüsse und ihr Öl gehören zu den reichsten Quellen an mehrfach ungesättigten Fettsäuren im gesamten Pflanzenreich (72 % insgesamt, davon 60 % Linolsäure und 12 % Alpha-Linolensäure). Dank seines hohen Anteils an Alpha-Linolensäure ist das Öl besonders gesund, wenngleich seine Zusammensetzung nicht ganz so ausgewogen ist wie die des Rapsöls. Als Lieferant von Magnesium, Eisen und den Vitaminen E und B6 ist es besonders interessant. Es eignet sich ausgezeichnet zur Vorbeugung von Herzgefäßerkrankungen und reguliert den Cholesterinspiegel. Das im Öl enthaltene Arginin, eine stickstoffhaltige Aminosäure, trägt zudem zur Elastizität der Arterien bei.

Aroma und Geschmack

Walnussöl zeichnet sich durch ein ganzes Bündel von Aromen aus, die sich schon bei der Verkostung geringster Mengen einstellen und entfalten. Seine Stärke liegt nicht in der Dominanz eines einzigen Geschmacks, sondern in dem ausgewogenen Zusammenspiel mehrerer Aromen – süßlich, bitter, holzig, pflanzlich, buttrig – eine Mischung, die es zu einem vielschichtigen und ausgewogenen Würzmittel macht, das sich mit allen möglichen Zutaten und Speisen kombinieren lässt. Besonders in Verbindung mit anderen Speisen entfaltet Walnussöl seinen ganzen geschmacklichen Reichtum. Rund, mild, mit einer Spur Bitterkeit und Süße, ohne Anklänge von Säure, erinnert es im Abgang an Roggenbrot sowie geröstetes Weizenbrot und hat eine leicht adstringierende Note.

Ein diskretes Öl

»Neben Olivenöl ist Walnussöl mein liebstes Speiseöl. Sein Aroma ist fein, feurig und sehr duftig. Ich verwende es niemals zum Garen, sondern meist für Salate. Es verträgt sich mit vielen Zutaten; einige bringt es zur Geltung, bei anderen hält es sich diskret im Hintergrund. Der Weizensalat mit verschiedenem Gemüse, Krebsschwänzen und Walnussöl ist dafür ein gutes Beispiel: Der Weizen nimmt wunderbar das Aroma des Öls an; einige Gemüse (Tomate, Möhre, Gurke) bewahren ihren eigenen Charakter, während der Brokkoli geschmeichelt plötzlich ganz stolz in seinem leuchtenden Grün daherkommt. So findet jeder seinen Platz in dem Salat, trägt seinen eigenen Charakter bei, infiziert das Öl mit seinem Aroma und umgekehrt. Das Ergebnis ist ein wunderbar frischer Sommersalat.«
Serge Crettenand, *Le Café gourmand,* Genf

Walnüsse und ihr Öl kulinarisch

Walnüsse und Walnussöl sollte man in der Küche nicht für die Ewigkeit bevorraten. Beides wird schnell ranzig. Wer gerne backt oder Nüsse knabbert, weiß, wie heikel es ist, bereits ausgelöste Walnusskerne aufzubewahren. Am besten kaufen Sie die Nüsse in der Schale. Walnussöl sollte man ebenfalls nur in geringen Mengen einkaufen und sorgfältig verschlossen an einem dunklen, kühlen Ort – vorzugsweise in der Kühlschranktür – aufbewahren. Es hält sich maximal drei Monate. Da die auf dem Markt angebotenen Walnussöle deutliche Qualitätsunterschiede zeigen, ist es ratsam, sich auf dem Etikett zu vergewissern, dass es sich um kaltgepresstes Walnussöl aus erster Pressung handelt. Fälschungen und Verschnitte aus neutralem, raffiniertem Pflanzenöl und Pressrückständen aus der Walnussölgewinnung sind recht häufig. In der Küche erweist sich Walnussöl als absolut unkompliziert. Es ist robust genug, um den körperreichsten Speisen standzuhalten, und zugleich so zurückhaltend, dass es sich in einen Salat fügt, ohne die anderen Aromen zu erschlagen. Es harmoniert wunderbar mit vollmundigen Essigsorten wie Balsamico-, Sherry- und Banyuls-Essig (französischer, sechs Jahre alter Rotweinessig). Sein zugleich würziges und delikates Aroma macht es unwiderstehlich zu gebratenem Fisch. Ein Schuss Walnussöl im letzten Moment in ein *Bœf bourguignon* (Rinderragout Burgunder Art) oder ein *Coq au vin* (Huhn in Rotwein) oder jedes andere in Rotwein geschmorte Gericht gegeben, schmeckt einfach köstlich und fördert zudem die Verdauung. Auch zu Käse, besonders den Edelpilzsorten, passt das Öl perfekt. Als nicht minder vielseitig erweist es sich in der Patisserie. Vor allem mit Herbstfrüchten wie Äpfeln und Birnen lässt es sich ausgezeichnet kombinieren. Von seiner besten Seite aber zeigt es sich als Würzmittel im letzten Moment. Wenn man es in kleinen Mengen zugibt und nicht zu stark erhitzt, bleibt sein Aroma wunderbar erhalten.

Öl mit Charakter

»Ich verwende Würzöle mit einer gewissen Zurückhaltung. Sie können durchaus Würze und Aroma beisteuern, doch abgesehen von Olivenöl sind sie nur selten als Hauptbestandteil einer Vinaigrette geeignet. Daher verwende ich als Basis Traubenkernöl, denn es ist geschmacksneutral und leicht. Anschließend gebe ich eines der ›charakterstarken Öle‹, wie ich sie nenne, hinzu, und zwar im Verhältnis 1:10. Auf der anderen Seite können diese Öle eine ungeahnte geschmackliche Vielschichtigkeit beisteuern, was man sich, abgestimmt auf das jeweilige Rezept, unbedingt zu Nutze machen sollte. Bei einem Salat mit Walnüssen und Comté beispielsweise unterstreicht etwas Walnussöl wunderbar das Aroma. Ein Salat zu Geflügel, beispielsweise Taube, schreit geradezu nach Haselnussöl. Dazu zerdrücke ich die gebratene Taubenleber und rühre sie mit etwas Haselnussöl unter die Vinaigrette: einfach köstlich! Geröstetes Rapsöl schmeckt übrigens hervorragend zu Salat mit Geflügelleber.

Da ich aus der Dauphiné stamme, kenne ich mich mit Walnussöl besonders gut aus. Wie alle Öle aus traditioneller lokaler Herstellung kann es je nach Mühle, Sorte und Qualität der Nüsse völlig unterschiedlich schmecken. Olivenöl mag ich am liebsten pur. Für einen einfachen Kopfsalat wähle ich Olivenöl aus der Toskana. Einige Körner Salzblüte und ein Hauch Pfeffer – kein Essig. Ich verwende es auch als Grundlage für mein Kräuteröl: Kerbel, Schnittlauch und glatte Petersilie mit Olivenöl, etwas Salz und Pfeffer gemixt – fertig. Ich bereite auch ein Trüffelöl, indem ich einige Hobel frische Trüffel mit in die fest verschlossene Flasche gebe. Allerdings sollte man das Öl innerhalb von drei Wochen aufbrauchen, denn es wird schnell ranzig.«

Guy Savoy, Restaurant *Guy Savoy,* Paris

Lauch mit Klippfisch und lauwarmer Walnuss-Vinaigrette

Für 4 Personen
Vorbereitung 10 Minuten
Garzeit 15 Minuten
Wässern 8 Stunden

400 g Klippfisch • 8 Stangen junger Lauch • 4 EL Walnussöl • 2 EL fruchtiges Olivenöl • 1 EL Weinessig • 1 TL *Moutarde de Meaux* (Senf aus Meaux, der ganze Senfkörner enthält)

◐ Den Klippfisch mit der Haut nach oben in ein Sieb legen und das Sieb in eine Schüssel mit kaltem Wasser setzen. Den Fisch 8 Stunden wässern; das Wasser jede Stunde erneuern.

◐ Den Lauch putzen, die dunkelgrünen Blätter entfernen und die Stangen so spalten, dass sie am Ende noch zusammenhängen. Unter fließendem Wasser gründlich waschen und anschließend 10 Minuten dämpfen.

◐ Wasser in einem großen Topf zum Kochen bringen und den Klippfisch hineingeben. Sobald das Wasser wieder aufwallt, den Topf vom Herd ziehen und den Fisch zugedeckt 5 Minuten ziehen lassen. Den Klipp-fisch herausnehmen, kurz abtropfen lassen und in Stücke zerteilen. Zwischen zwei Tellern warm stellen.

◐ In einer kleinen Kasserolle das Walnuss- und das Olivenöl mit dem Essig und dem Senf gründlich vermengen und behutsam erwärmen.

◐ Den gedämpften Lauch und den Klippfisch auf Tellern anrichten, mit der lauwarmen Vinaigrette überziehen und sofort servieren.

Tipp

Klippfisch ist gesalzener und getrockneter Kabeljau. Wenn Sie kein ausgesprochener Fan dieser Art von Fisch sind, können Sie ebenso gut frisches Kabeljaufilet nehmen, das Sie mit etwas Olivenöl beträufeln und je nach Dicke 5–10 Minuten bei 240 °C im vorgeheizten Ofen garen.

Marinierter Schellfisch mit gerösteten Walnüssen und Avocadopüree

Für 4 Personen
Vorbereitung 15 Minuten
Marinierzeit 30 Minuten

2 grüne Zitronen • 1 gelbe Zitrone • 1 dickes Stück Schellfisch (Haddock), etwa 500 g • 2 EL Rapsöl • 2 EL Walnussöl • 2 große reife Avocados • Salzblüte und Pfeffer aus der Mühle • 8 Walnusskerne • 12 dünne Scheiben Mohnbrot

🜄 Die grünen Zitronen und die gelbe Zitrone getrennt auspressen. Den Haddock in feine Tranchen schneiden, auf einem Teller ausbreiten und mit dem Saft der grünen Zitronen beträufeln. Mit dem Rapsöl und einem Esslöffel Walnussöl überziehen und mit Frischhaltefolie bedeckt im Kühlschrank 30 Minuten marinieren.

🜄 Die Avocados schälen und entsteinen. Das Fruchtfleisch mit einer Gabel zerdrücken und mit dem Saft der gelben Zitrone beträufeln. Mit etwas Salzblüte und zwei Umdrehungen aus der Pfeffermühle würzen und den restlichen Esslöffel Walnussöl zugeben. Nicht zu lange durchmengen, damit das Püree noch eine grobe Konsistenz behält.

🜄 Die Walnusskerne hacken und in einer beschichteten Pfanne ohne Fett 3 Minuten rösten. Die Haddockschnitten anrichten, mit dem Avocadopüree und den gerösteten Walnüssen garnieren und mit dem gerösteten Mohnbrot servieren. Sie können das Avocadopüree auch separat dazureichen.

Tipp

Wählen Sie ein dickes, zartes Schellfischfilet, und prüfen Sie vor der Zubereitung, wie salzig der Fisch ist. Unter Umständen brauchen Sie die Marinade gar nicht mehr zu salzen. Sie können den Fisch auch nach dem Marinieren zusätzlich im 200 °C heißen Backofen 3 Minuten garen. In der Walnusssaison sollten Sie zu frischen Nüssen greifen. Die Nüsse schälen, fein hacken und unter das Avocadopüree ziehen.

Linsensuppe mit Speck, gebratenen Zwiebeln und Walnussöl

Für 4 Personen
Vorbereitung 10 Minuten
Garzeit 20 Minuten

1 Möhre • 250 g Linsen (vorzugsweise Puy-Linsen) • 1 EL *Poudre de colombo* (karibische Currymischung aus Chili, Knoblauch, Koriander und Kurkuma), ersatzweise Currypulver • 1 Bouquet garni • Salz • 2 EL Walnussöl • 2 Zwiebeln • 1 EL Olivenöl • 150 g geräucherter Bauchspeck, in dünne Scheiben geschnitten

Die Möhre schälen und in dünne Scheiben schneiden. Die Linsen unter kaltem Wasser abspülen, in einen großen Topf geben und mit der sechsfachen Menge Wasser bedecken. Die Möhre, das *Poudre de colombo* und das Bouquet garni einlegen und auf großer Stufe zum Kochen bringen. Bei milder Hitze zugedeckt 20 Minuten köcheln lassen.

Das Bouquet garni herausnehmen. Die Linsen mit der Garflüssigkeit pürieren, etwas salzen und langsam das Walnussöl zugeben. Falls nötig noch etwas Wasser zugeben, um der Suppe eine sämige Konsistenz zu verleihen. Warm stellen.

Die Zwiebeln abziehen und in dünne Ringe schneiden. Das Olivenöl in einer beschichteten Pfanne erhitzen, den Speck und die Zwiebelringe hineingeben und etwa 5 Minuten braten, bis sie eine schöne goldbraune Farbe angenommen haben. Die Suppe heiß mit dem knusprigen Speck und den gebratenen Zwiebelringen servieren.

Tipp

Linsen braucht man nicht mehr einzuweichen. Nehmen Sie am besten die dunkelgrünen Puy-Linsen. Sie tragen das französische AOC-Gütesiegel kontrollierter Herkunft und sind viel schmackhafter als die hellen Sorten. Wie alle Hülsenfrüchte sind sie sehr nahrhaft und sättigend. Sie können diese Suppe also durchaus als vollwertige Mahlzeit servieren. Dazu brauchen Sie nur die Mengen etwas zu erhöhen.

Feine Apfel-Tartelettes mit Zimt, Fourme d'Ambert und Walnussöl

Für 4 Personen
Vorbereitung 20 Minuten
Garzeit 10 Minuten

230 g Blätterteig • Mehl • 2 Äpfel einer säuerlichen Sorte •
4 Prisen Ceylon-Zimt • 4 Prisen feines Salz • 4 TL Walnussöl •
100 g *Fourme d'Ambert*

💧 Backofen auf 200 °C vorheizen.

💧 Den Blätterteig auf einer bemehlten Arbeitsfläche ausrollen und vier Kreise von jeweils 12 cm Durchmesser ausstechen. Die Teigkreise auf ein Backblech legen und mit einer Gabel mehrmals einstechen. Die Äpfel waschen, entkernen und in sehr dünne Scheiben schneiden. Die Apfelscheiben gleichmäßig auf den Teigkreisen verteilen. Mit Zimt und Salz bestreuen und mit dem Walnussöl beträufeln. Im heißen Backofen 5 Minuten backen.

💧 Sobald die Tartelettes eine goldgelbe Farbe angenommen habe, jeweils mit einem Stück *Fourme d'Ambert* belegen und weitere 5 Minuten backen. Der Käse sollte nur gerade eben zerlaufen, aber nicht gratiniert sein, sonst wird sein Aroma zu streng. Die Tartelettes mit einem Chicoréesalat mit Walnussöl servieren.

Tipp

Wenn Sie einen Apfel durch eine reife, saftige Birne ersetzen, werden die Tartelettes noch eine Spur säuerlicher sowie satter und zergehen förmlich auf der Zunge.

Fourme d'Ambert ist ein cremiger Blauschimmelkäse aus Kuhmilch. Er ist milder als *Bleu d'Auvergne*, sein naher Verwandter, und harmoniert ausgezeichnet mit süßen Aromen.

Erdnussöl ist nicht gleich Erdnussöl. In Europa ist vor allem das helle, raffinierte und eher geschmacksneutrale Erdnussöl bekannt, das hoch erhitzbar und daher gut zum Braten und Frittieren geeignet ist. In Asien, Afrika sowie in Nord- und Südamerika ist dagegen das dunklere und im Geschmack viel kräftigere Erdnussöl verbreitet. Ob filtriert oder unfiltriert, sein angenehm sanftes Röstaroma erfreut sich inzwischen auch bei uns zunehmender Beliebtheit.

Erdnussöl

Das Allheilmittel der Inkas

Es ist nicht so einfach, den exakten Ursprung eines Nahrungsmittels zu bestimmen, das archäologische Funde an den verschiedensten Stellen des Globus nachgewiesen haben. Die Azteken nannten die Erdnuss *tlacacahuatl* (Erdkakao), ein Name, der in der französischen Bezeichnung *cacahuète* nachklingt. Die spanischen Eroberer entdeckten die Erdnuss in Mittelamerika und Brasilien. Archäologische Funde beweisen indes, dass Erdnüsse in China bereits seit der Jungsteinzeit kultiviert und im gesamten Fernen Osten seit Menschengedenken gegessen werden. Die reichliche Verwendung von Erdnüssen in den Küchen Chinas, Indonesiens, Indochinas, Malaysias, der Philippinen und Thailands hat also offenbar nichts mit den Eroberungsreisen der Konquistadoren oder anderen Wanderungsbewegungen zu tun. Nichtsdestotrotz scheint die Geschichte der Erdnuss eng mit den Wirren des Entdeckungszeitalters verbunden. Von den spanischen und portugiesischen Eroberern in Südamerika aufgespürt, überquerte sie auf Sklavenschiffen den Atlantik und breitete sich langsam in Afrika aus. Dort verdrängte sie eine andere Samenfrucht, die *Bambara*-Erdnuss *(bambara groundnut)*, und stahl ihr noch den Namen. Noch heute wird die Erdnuss im englischsprachigen Teil Afrikas häufig *groundnut* genannt, während sie im frankophonen Afrika *arachide* heißt. Die Bezeichnungen *pistache* und *pistache de terre* (Pistazie bzw. Erdpistazie) sind im Indischen Ozean und in der Karibik verbreitet.

Die Nuss, die keine ist, oder: zurück zu den Wurzeln

Die Erdnuss *(Arachis hypogaea)* ist eine merkwürdige Samenfrucht und eine Pflanze voller Überraschungen. Botanisch gesehen ist sie gar keine Nuss, sondern eine Hülsenfrucht wie die Erbsen, Bohnen, Linsen und Sojabohnen. Diese botanische Verwandtschaft klingt auch in ihrem englischen Namen *peanut*, Erbsennuss, an. Die Erdnuss ist eine einjährige Kriechpflanze mit gelben Blüten und krautigen, 30 bis 40 Zentimeter langen Zweigen, deren essbare Blätter denen des Klees ähneln. Eine Besonderheit ist ihr Geotropismus: Sie orientiert ihr Wachstum nach der Erdschwerkraft und bildet ihre Früchte unterirdisch aus. Nach der Blüte und Selbstbestäubung im Frühsommer entwickeln sich aus den knospenden Fruchtknoten die Gynophoren, Stiele, die in Richtung Erdboden wachsen und nach zwei bis drei Wochen in das Erdreich eindringen. In etwa drei bis sieben Zentimeter Tiefe bilden sie rasch Früchte aus, die bereits 60 Tage nach der Blüte zur Reife gelangen. Damit dauert die Fruchtbildung nicht mal so lang wie die Blüte, die sich etwa 30 bis 40 Tage hinzieht. Geerntet wird jedoch, bevor die Früchte voll ausgereift sind, um dem unterirdischen Auskeimen zuvorzukommen. Es würde die Ernte verderben. Man unterscheidet zwei Hauptsorten: Die *Virginia* ist eine robuste, großkernige Sorte mit langsamer Fruchtbildung. Ihre Samen durchlaufen im Boden eine relativ lange Vegetationsphase, was die Gefahr des vorzeitigen Keimens verringert. Die so genannte *Spanish* wächst zwar schneller und erzielt höhere Erträge. Sie ist jedoch auch anfälliger, und ihre Samen durchlaufen eine kürzere Vegetationsphase. Es gibt natürlich noch zahlreiche andere rund um den Erdball kultivierte Erdnusssorten, darunter auch Kreuzungen zwischen den beiden Hauptgruppen.

Vertraut ist sie wohl jedem, die kleine, längliche, beigefarbene Hülse mit ihrer an mehreren Stellen verdickten, brüchigen Schale, die schon geringfügiger Druck zerbrechen lässt. Darin eingeschlossen sind mehrere runde bis eiförmige Samenkerne, umgeben von einem weißen, rosa oder rötlichen Häutchen. Je nach Sorte können die Hülsen einen bis vier Samen von zwei bis acht Zentimeter Länge enthalten. Den meisten sind sie

Die steile Karriere des Mr. Peanut

Trotz seiner 97 Jahre ist Mr. Peanut, jenes kleine Männchen und Firmenlogo des Erdnussimperiums Planters, immer noch rüstig. Planters wurde 1906 von Amedeo Obici in Suffolk, Virginia (USA), gegründet. Inzwischen gilt Suffolk als die »Hauptstadt der Erdnuss«. Dem italoamerikanischen Unternehmer gelang es, eine kleine, unbedeutende Nuss in den »Adelsstand« zu erheben, die bis dahin bestenfalls als Tierfutter oder Armeleuteessen Bedeutung hatte. In Windeseile wurden geröstete Erdnüsse, Erdnussbutter und Erdnussöl zum Dauerbrenner auf dem amerikanischen Speisezettel. Auf der Suche nach einem geeigneten Logo für seine Firma veranstaltete Amedeo Obici im Jahre 1916 einen Malwettbewerb. Den 1. Peis von sage und schreibe fünf Dollar gewann der 13-jährige Antonio Gentile mit einer als Mensch dargestellten Erdnuss, die Arme und Beine verschränkt hält. Ein Illustrator fügte noch einen Hut, ein Monokel, Gamaschen, einen Stock und weiße Handschuhe hinzu, und schon war Mr. Peanut geboren. Die Figur machte nicht nur als Etikett auf Planters-Produkten Furore, sondern auch auf verschiedenen Werbeartikeln, die sich Sammler zu Höchstpreisen aus den Händen rissen. In den USA ist Planters noch immer eine bedeutende Marke; in Europa sind die Produkte dagegen kaum zu finden. Das Erdnussöl (Planters Peanut Oil) hat seit Beginn seiner Vermarktung im Jahre 1930 viele Millionen Amerikaner begeistert. Das schwach raffinierte Öl überzeugt durch einen milden Erdnussgeschmack, der es sowohl zum Würzen als auch zum Braten und Frittieren geeignet macht.

Die beliebte Erdnussbutter

Die in den USA so beliebte Erdnussbutter begann ihre Erfolgsstory als diätetisches Lebensmittel. Sie wurde 1890 von dem Arzt John Kellogg entwickelt, der nach einem geeigneten und leicht zu verabreichenden Eiweißersatz für zahnlose Patienten suchte. Der Siegeszug der bereits 1904 auf der Weltausstellung in Saint-Louis vorgestellten *peanut butter* begann jedoch erst 1922, als man den Makel vermeiden konnte, dass sich das Öl von der Paste trennt. Obwohl heute mehr als die Hälfte aller US-Erdnüsse in die Herstellung dieser beliebten Leckerei fließt, wird der größte Teil Erdnussbutter importiert. Die Amerikaner essen pro Kopf durchschnittlich 1,5 Kilogramm *peanut butter* im Jahr. Zwar hat die industriell hergestellte und meist mit zahlreichen Zusatzstoffen, Emulgatoren und Konservierungsstoffen versetzte Erdnussbutter längst ihre diätetische Bestimmung eingebüßt, doch setzt man zunehmend auf den hohen Eiweiß- und Vitamingehalt der Erdnuss, um bestimmte Formen der Unter- und Fehlernährung zu behandeln. In einigen afrikanischen Ländern wurden sogar erfolgreiche Ernährungsprogramme mit Erdnüssen durchgeführt. Bemerkenswert ist in diesem Zusammenhang, dass die Kerne keinerlei Allergien auslösten.

allerdings nur in gerösteter Form vertraut. In natürlichem Zustand sind die »Nüsse« cremefarben; sie bestehen aus zwei Samenlappen, die an einem Ende vom Keim zusammengehalten werden.

Lebensraum und Anbau

Die Erdnuss zählt zu den weltweit am meisten verbreiteten Kulturpflanzen. Ihr Anbaugebiet erstreckt sich über 108 Länder innerhalb einer tropischen bis subtropischen Klimazone, die im Norden, wie beispielsweise in den USA und China, bis zum 40. Breitengrad reichen kann. Die Entwicklungsländer stellen etwa 80 % der weltweiten Produktion sicher, von denen zwei Drittel aus halbtrockenen tropischen Regionen stammen. Der größte Erzeuger ist Asien mit einem Anteil von 72 % am weltweiten Ausstoß (darunter China, Indien, Indonesien, Birma, Thailand und Vietnam). An zweiter Position folgt Afrika mit 18 % (Nigeria, Senegal, Sudan, Zaire, Tschad, Uganda, Elfenbeinküste, Mali, Burkina Faso, Guinea, Mosambik, Kamerun, Togo und Benin). Mit knapp 8 % folgt der amerikanische Kontinent (Argentinien, Brasilien, Mexiko und die USA). In den meisten Erzeugerländern ist die Erdnuss in erster Linie ein wichtiges Nahrungsmittel und erst an zweiter Stelle ein wertvolles Exportgut. Auch in Nordamerika fließt der Großteil der Produktion in den nationalen Bedarf.

Die Erdnusspflanze widersteht großer Trockenheit und braucht täglich mindestens 30 °C Hitze. Da sie schnell reift, ist sie besonders gut für die kurzen Regenzeiten Westafrikas geeignet, wo sie die Savannenkultur schlechthin ist. Die anspruchslose Hülsenfrucht hat zudem die Eigenschaft, den Boden mit Stickstoff aus der Luft anzureichern. In den USA wird der Erdnussanbau maschinell und unter großem Einsatz von Dünger und Pestiziden betrieben; in den übrigen Anbaugebieten dominieren zumeist noch kleine Familienbetriebe den Anbau. Die Erdnusspflanze bevorzugt mäßig durchfeuchtete, leichte und sandige Böden. Die Bodenoberfläche darf auf keinen Fall aushärten, da die Stängel sonst nicht eindringen können. Ende September werden die Pflanzen aus der Erde gepflügt und mit den Früchten in der Sonne liegen gelassen. Nach einigen Tagen können die getrockneten Hülsen geerntet werden. Ihre runzeligen Schalen sind über und über mit Sand und Erde bedeckt und nicht besonders ansehnlich. Anschließend werden sie gewaschen, blanchiert, getrocknet und eventuell enthülst und geröstet. Zwei Drittel der Produktion fließen in die Ölgewinnung; der Rest wird zu anderen Erdnussprodukten verarbeitet oder gelangt so in den Handel. Der

Vorsicht vor allergischen Reaktionen

Allergische Reaktionen auf Erdnüsse beruhen auf einer Überempfindlichkeit gegen die in den Kernen eingelagerten Proteine. Sie treten genauso plötzlich wie heftig auf: Atembeschwerden, Ödeme, Hautausschläge ... Schwere Fälle von Atemnot können bei nicht ausreichend schneller Hilfe lebensgefährlich sein. Die genauen Ursachen dieser Allergie kennt man nicht. Auch ist unklar, warum sie vornehmlich in den industrialisierten Ländern auftritt, während sie in Ländern der Dritten Welt, in denen Erdnüsse seit Jahrhunderten fester Bestandteil des Ernährungsplans sind, eher selten vorkommt. Menschen, bei denen eine Überempfindlichkeit gegen Erdnussproteine bekannt ist, sollten die Nüsse und alle Folgeprodukte, wenn sie auch nur geringste Mengen davon enthalten, unbedingt meiden. Dazu gehört auch das Jungfernöl, denn das kaltgepresste, naturbelassene Öl enthält durchaus noch Spuren von Eiweiß. Dagegen sind die raffinierten Konsumöle zumindest theoretisch harmlos, da sämtliche Proteine durch das Raffinieren entfernt werden. Vorsicht ist dennoch geboten.

Presskuchen ist ein hochwertiges Futtermittel, der reich an Proteinen (45 %) ist und auch in der menschlichen Ernährung eingesetzt wird. Inzwischen findet man in manchen asiatischen und afrikanischen Lebensmittelgeschäften auch grüne, also frische Erdnüsse. Roh getrocknete Erdnüsse bereichern ebenfalls zunehmend das Angebot. Doch am meisten verbreitet sind Erdnüsse nach wie vor in gerösteter Form, sei es gesalzen als Snack zum Aperitif oder zu einer Paste zermahlen als Rohstoff für die in Nordamerika so populäre *peanut butter*, die auch in der schwarzafrikanischen Küche geschätzt ist. Erdnussöl ist hauptsächlich in seiner raffinierten Form bekannt. Obwohl ein typisches Konsumöl, ist es etwas teurer als vergleichbare Speiseöle wie Maiskeim-, Soja- oder Sonnenblumenöl. Es ist mild und trotz seiner Neutralität von angenehmem Aroma. Allerdings hat es einen Großteil seiner Vitamine und antioxidativen Substanzen verloren. Dank seines hohen Rauchpunkts ist es eines der besten Brat- und Frittieröle. Nicht raffiniertes Erdnussöl gibt es geklärt, aber unfiltriert oder zwei- bis dreimal filtriert. Beide Öle enthalten noch sämtliche wertvolle Inhaltsstoffe (Vitamine, essenzielle Fettsäuren und Proteine); das filtrierte Öl ist jedoch strapazierfähiger und daher besser zum Frittieren geeignet.

Therapeutische Wirkungen und Anwendungen

Erdnüsse sind nicht nur wegen ihres hohen Fettanteils (40 bis 50 %) ein wertvolles Nahrungsmittel. Wie andere Hülsenfrüchte sind sie auch reich an Proteinen. Hinzu kommt ein hoher Anteil an Vitamin B und E, vor allem an Biotin, ein Vitamin der B-Gruppe. Das naturbelassene Öl (dekantiert, aber unfiltriert) besitzt erstaunliche Heilwirkungen bei Magen- sowie Zwölffingerdarmgeschwüren und spielt eine nicht zu verachtende Rolle bei der Regulierung des Cholesterinspiegels. Das raffinierte Erdnussöl hat die zahlreichen Heilwirkungen des naturbelassenen Öls dagegen verloren. Leider wird immer nur der hohe Eiweißanteil der Erdnüsse betont, nicht aber der therapeutische Nutzen ihrer anderen Inhaltsstoffe. Für die Inkas galt Erdnussöl als Allheilmittel und so bleibt zu hoffen, dass auch die heutige Medizin und Ernährungswissenschaft noch einmal einen genaueren Blick wagen wird. Als Massageöl angewandt, wirkt Erdnussöl vorbeugend und lindernd bei Schmerzen in der Leisten- und Bauchgegend. Außerdem wirkt es wärmend und entzündungshemmend. Vor körperlichen Anstrengungen angewandt, kräftigt und lockert es die Muskeln.

Aroma und Geschmack

Der erste Eindruck bei Öl aus gerösteten Erdnüssen ist eine angenehme Überraschung. Der Nussgeschmack ist deutlich erkennbar, aber mild, unaufdringlich und ausgewogen. Der Röstgeschmack tendiert leicht ins Fruchtige mit Anklängen von ungeschälten getrockneten Äpfeln und Apfelkuchen. Das Aroma ist insgesamt erstaunlich lang anhaltend und verrät im Abgang eine zugleich frische und sahnige Note: Karamell, Kopfsalatherzen, Chicorée. Trotz seines ausgeprägten Sortencharakters ist Erdnussöl zurückhaltend und mild, so dass es fast jedem schmeckt.

Erdnüsse und ihr Öl kulinarisch

Ungeröstete Erdnüsse, die nicht sehr lange gegart wurden, sind schwer bekömmlich und haben einen leicht bitteren Geschmack. Für die meisten Rezepte mit Erdnüssen werden geröstete Nüsse verwendet, sei es gehackt oder als Paste. Fleischgerichte, in einer Erdnusssauce geschmort, kennt man von Peru über Schwarzafrika bis nach Malaysia praktisch rund um den Globus. In Afrika wird die Erdnuss zweifellos am vielfältigsten eingesetzt. Mitten auf der Straße wird sie dort gekocht und in Tütchen verpackt oder geröstet (natur, gesalzen oder sogar karamellisiert) in Pfandflaschen verkauft. In der Küche verarbeitet man sie zu zahllosen Suppen und Saucen, Gemüsegerichten, Gebäck, kleinen knusprigen Snacks oder auch zu Beignets und Bouletten, die gewöhnlich in rotem Palmöl, manchmal aber auch in naturbelassenem oder filtriertem Erdnussöl ausgebacken werden. Auch in Südostasien regiert die Erdnuss, wo sie als Garnitur in zahlreichen vietnamesischen und thailändischen Gerichten erscheint. Nougat aus Erdnüssen und Sesam ist von Indien bis China eine begehrte Süßigkeit. Erdnusspaste wird in Indonesien und Malaysia am häufigsten zum Binden von Saucen und für Currys verwendet. Erdnussöl empfiehlt sich also vor allem für südostasiatisch inspirierte Speisen oder für Gerichte aus Ländern, in denen Erdnüsse eine wichtige Rolle spielen, wie Afrika, Indien, Indonesien, Amerika. Für sautierte und kurz gebratene Gerichte ist es ebenfalls geeignet. Pur oder mit einem geschmacksneutralen Öl – raffiniertem Erdnussöl, Sonnenblumen-, Traubenkern- oder Maiskeimöl – verdünnt, überzeugt es auch bei Salaten und kalten Speisen. Freunde kräftiger Aromen sollten es dagegen unbedingt einmal mit etwas geröstetem Sesamöl mischen – eine Liaison, die besonders bei chinesischen, japanischen und koreanischen Gerichten besticht. Für Wokgerichte ist Erdnussöl ohnehin das denkbar beste Speisefett.

Wie man Erdnüsse kocht

Draußen rauscht der Sommerregen; eine angenehm frische Kühle dringt durch das offene Fenster. Man liegt ausgestreckt auf dem Sofa, genießt eine Tasse *masala chai* – Tee mit Milch, kräftig gewürzt mit Pfeffer und Kardamom – und knabbert gleichmütig ein paar frisch gekochte Erdnüsse. Das sind die typischen Freuden des Monsuns, die man sich in Indien gönnt, wenn die Regenzeit endlich die glühende Hitze vertreibt. Für viele Inder sind Erdnüsse untrennbar mit dieser Jahreszeit verbunden. In Schwarzafrika verkaufen Frauen gekochte Erdnüsse in kleinen Tüten auf der Straße. Ihr Geschmack macht süchtig, und wenn man erst einmal anfängt ... Für einen Versuch zu Hause nehmen Sie grüne (also frische) und vorzugsweise kleine Erdnüsse. Die Nüsse mehrmals waschen, in einem Topf mit reichlich Wasser bedecken und etwas salzen. Zum Kochen bringen, die Temperatur reduzieren und zugedeckt 3–4 Stunden auf sehr kleiner Flamme köcheln lassen. Abgießen und lauwarm oder kalt genießen.

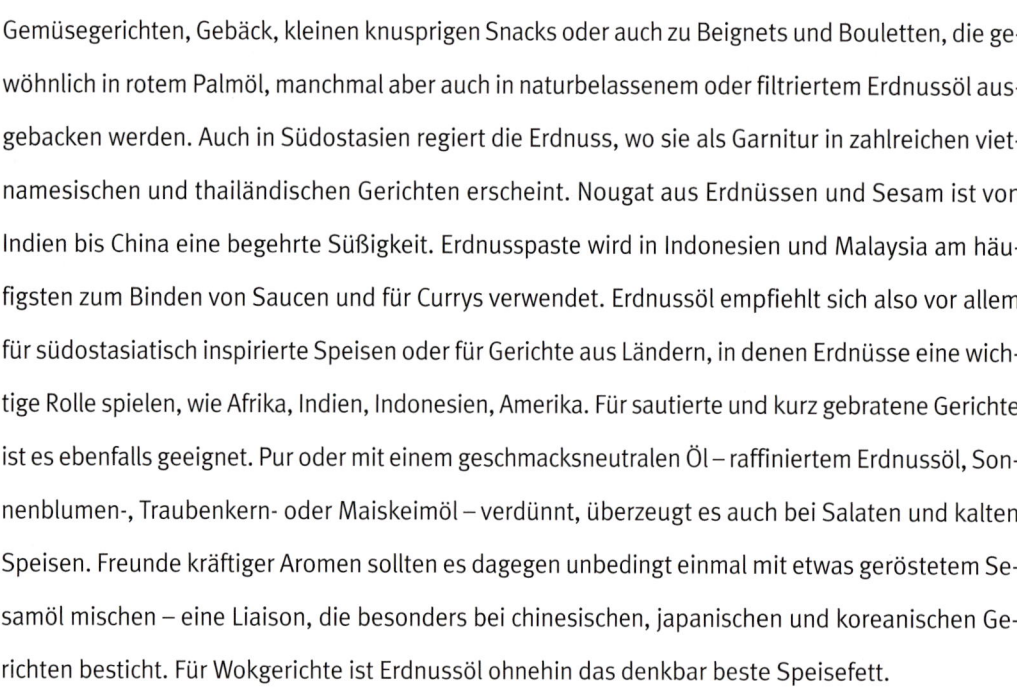

Entenleber-Terrine mit Äpfeln und Erdnuss-Entenjus

Für 8–10 Personen
Vorbereitung 30 Minuten
Garzeit 5 Minuten
Kühlzeit 6 Stunden

1,5 kg Äpfel der Sorte Reinette • 50 g Butter • 1 kg Enten-stopfleber *(Foie gras de Canard)* • feines Salz • 100 g unge-salzene Erdnüsse • 4 EL Erdnussöl • 100 ml Entenjus • 100 g Vogelmiere (ersatzweise ein milder Blattsalat) • Salzblüte und grob zerstoßener Pfeffer

◊ Die Äpfel schälen, entkernen und in 1 cm dicke Scheiben schneiden. Die Butter in einer Pfanne zerlas-sen und die Apfelscheiben darin etwa 5 Minuten schwenken, bis sie goldgelb und leicht glasig sind. Aus der Pfanne nehmen und beiseite stellen. Die Enten-stopfleber der Länge nach halbieren, beide Hälften leicht salzen und in derselben Pfanne von jeder Seite 1 Minute braten.

◊ Für die Terrine benötigen Sie eine 28 cm lange Kas-ten- oder Terrinenform. Die Form mit einem Drittel der Apfelscheiben auslegen. Eine Entenleberhälfte einle-gen, die Hälfte der geschälten und halbierten Erdnüs-se darüber verteilen und mit einem weiteren Drittel der Äpfel bedecken. Die zweite Leberhälfte einlegen, mit den restlichen Erdnüssen bestreuen und zuoberst mit den verbliebenen Apfelscheiben abschließen. Die Ter-rine mit einem Brett bedecken und, mit einem Gewicht beschwert, 6 Stunden kühl stellen, damit sie aushärtet.

◊ Die Terrine auf ein Brett stürzen und in dicke Schei-ben schneiden. Die Scheiben mit einem Esslöffel Erd-nussöl bestreichen und zum Erwärmen 3 Minuten un-ter den Backofengrill schieben.

◊ Zum Servieren das restliche Erdnussöl mit dem En-tenjus verrühren und über die Terrinenscheiben zie-hen. Mit etwas Vogelmiere (oder einem Blattsalat), Salzblüte und grob zerstoßenem Pfeffer servieren.

Rezept von Christophe Moisand, *Hotel Westminster,*
Restaurant Le Calédon, Paris

Selleriecreme mit Erdnussöl und Zitrone

Für 4 Personen
Vorbereitung 10 Minuten
Garzeit 20 Minuten

1 Sellerieknolle (etwa 800 g) • 2 Kartoffeln • 2 Zitronen • Salzblüte • 1 TL Anissamen • 3 EL Erdnussöl

 Den Sellerie und die Kartoffeln schälen und in Stücke schneiden. Das Gemüse etwa 20 Minuten in kochendem Salzwasser garen, bis es weich ist. Abgießen und durch ein Sieb oder Passiergerät streichen.

 Die Zitronen auspressen. Den Saft mit etwas Salzblüte und den Anissamen unter das Püree ziehen. Das Erdnussöl unter ständigem Rühren in einem dünnen Strahl einlaufen lassen, bis das Püree von cremiger Konsistenz ist. Die Selleriecreme bis zum Servieren in einem fest verschlossenen Gefäß in den Kühlschrank stellen.

 Die Selleriecreme auf geröstetem und mit Knoblauch eingeriebenem Brot oder als Beilage zu kaltem Fisch servieren. Eventuell mit Zitronenscheiben garnieren.

Tipp

Wenn Sie kein besonderer Freund von Anis sind, können Sie ihn auch durch zwei Safranfäden ersetzen, die Sie mit ins Kochwasser geben. Der Safran verleiht der Creme nicht nur sein Aroma, sondern auch etwas Farbe. Die Selleriecreme hält sich im Kühlschrank bis zu einer Woche.

Kressesalat mit marinierten Rumpsteak-streifen und gerösteten Erdnüssen

Für 4 Personen
Vorbereitung 15 Minuten
Garzeit 10 Minuten
Marinierzeit 30 Minuten

1/2 Bund Gartenkresse • 1 Bund Frühlingszwiebeln • 2 grüne Zitronen • 1 rote Paprikaschote • 4 EL Erdnussöl • 2 EL fruchtig-herbes Olivenöl • 1/2 TL feiner Zucker • Salz • 1 TL *nuoc mam* (vietnamesische Fischsauce) • 12 Blättchen frische Minze • 1 Scheibe Rumpsteak (etwa 300 g) • 50 g ungesalzene Erdnüsse

◉ Die Kresse putzen, waschen und trockenschütteln. Die Frühlingszwiebeln waschen und in dicke Ringe schneiden. Die Zitronen auspressen. Die Paprikaschote waschen (Samen und Rippen entfernen) und in feine Streifen schneiden.

◉ In einer Schüssel das Erdnussöl, Olivenöl, den Zitronensaft, den Zucker, Salz und die *nuoc-mam*-Sauce gründlich verrühren.

◉ Die Minze waschen, trockenschütteln, Blättchen abzupfen und in feine Streifen schneiden. Das Rumpsteak auf einem Küchen- oder Holzkohlengrill von beiden Seiten 3 Minuten grillen. Anschließend 4 Minuten ruhen lassen und in dünne Scheiben schneiden. Die Scheiben auf einer Platte ausbreiten und mit der Marinade überziehen. Die Minze und die Frühlingszwiebeln darüber verteilen und mit Frischhaltefolie bedeckt bei Zimmertemperatur 30 Minuten marinieren lassen.

◉ Kurz vor dem Servieren die Erdnüsse schälen, grob hacken und in einer beschichteten Pfanne ohne Fett 3 Minuten rösten. Den Salat mit dem marinierten Rindfleisch dekorativ anrichten, mit den gerösteten Erdnüssen garnieren und servieren.

Tipp

Im Sommer, wenn die Kressesaison vorüber ist, können Sie stattdessen auch Rucola und etwas Sojabohnensprossen (siehe Bild) nehmen.

Thailändischer Reis mit gerösteten Erdnüssen und Frühlingszwiebeln ist eine ideale Beilage zu diesem Salat.

Gleich doppelt geschützt von den Schuppen der Zapfen und einer sehr harten Schale, muss man sich Pinienkerne regelrecht verdienen. Das gilt auch für das Öl, das zu den feinsten Speiseölen zählt. Es entfaltet die gleiche Noblesse wie die Bäume, die es hervorbringen. Pinien und Kiefern werden in der ganzen Welt verehrt, besonders in Korea und Japan, wo sie Sinnbilder für Langlebigkeit und Geduld sind.

Pinienkernöl

Ein Traum von Baum

Wie viele andere wild wachsende Samen werden Pinienkerne seit urgeschichtlichen Zeiten gegessen. In der Wüste Nevadas fand man in Gräbern der Puebloindianer 6 000 Jahre alte Schalenreste der Samen. Es ist kaum vorstellbar, dass die schwer auszulösenden und wegen ihrer geringen Größe kostbaren Pinienkerne für alte Völker einmal ein wichtiges Nahrungsmittel gewesen sind. Und doch versteckt die undurchdringliche Schale einen wahren Schatz, der wunderbare Geheimnisse birgt. Pinienkerne gelten seit jeher als Sinnbild der Fruchtbarkeit. Ihr Ruf als Aphrodisiakum scheint auch heute noch ungebrochen und universell. Im ländlichen Frankreich riet man früher Frauen, die schwanger werden wollten, Pinienkerne aus Saint-Jean-Cap-Ferrat zu essen. Ein koreanisches Sprichwort sagt, dass eine gute Ehefrau ihren Mann zum Genuss der Kerne animieren sollte; und der *jat juk,* eine Pinienkerncreme, die man dem koreanischen König jeden Morgen zum Frühstück servierte, sollte die königliche Fruchtbarkeit fördern. Auch der römische Dichter Ovid setzte »die Kerne der Pinie…« auf die Liste der Aphrodisiaka. Selten versprach ein so kleiner Samen so viel glühende Leidenschaft. Um den Enthusiasmus ein bisschen zu bremsen, muss man allerdings ergänzen, dass der verdienteste Baum auf diesem Gebiet die Chigolza-Pinie oder Trockenkiefer aus Zentralasien ist. Die Region Kunawar in Pakistan ist bekannt für ihre hohe Geburtenrate. Leider ist es nie gelungen, diesen erotisierenden Baum außerhalb seiner ursprünglichen Heimat zu akklimatisieren. Vom Nimbus der Fruchtbarkeit bis zur sprichwörtlichen Langlebigkeit ist es nicht weit, eine Wirkung, die man

Pinienkernen vor allem in Japan und Korea zuspricht. Von Langlebigkeit bis zur Ewigkeit ist es dann nur noch ein kleiner Schritt. So balsamierten die Navajoindianer ihre Verstorbenen während des Bestattungsrituals mit Pinienharz ein. Die Koreaner essen am ersten Vollmond des Mondkalenders neben anderen Samen auch Pinienkerne, damit die Haut ihre Jugendlichkeit bewahrt. In China ernähren sich die Taoisten von den Samen, den Nadeln und dem Harz. Der japanische Name für Pinie, *matsu,* bedeutet auch »warten«, ein zufälliger Gleichklang, den sich die Poesie häufig zu Nutze macht. Tatsächlich ist die Geduld eines Buddhisten und die Sorgfalt eines Zenmeisters erforderlich, um die Schale der Pinienkerne zu knacken, ohne den Samen zu beschädigen.

Die große Familie der Kieferngewächse

Sämtliche Kiefernarten bringen in den Zellen ihrer holzigen Zapfenfrüchte essbare Samen hervor, doch nur etwa 30 Arten produzieren genügend große Kerne, um als Nahrungsmittel bedeutsam zu sein. Rund um das Mittelmeer, einschließlich Portugal, stammen die Pinienkerne von der *Pinus pinea*, der Schirmkiefer oder schlicht Pinie, einem majestätischen Baum, dessen Wipfel bis zu zwölf Meter im Durchmesser erreichen kann. Ihre schöne, dunkelgrüne Krone ist in jungen Jahren rund und bildet sich erst in zunehmendem Alter schirmartig aus. Sobald der Baum etwa 20 bis 25 Meter Höhe erreicht, endet das vertikale Wachstum, während sich die seitlichen Äste auf gleicher Höhe des Wipfels nach allen Seiten ausbreiten und das für den Baum charakteristische Nadeldach bilden. Nun kann sich der Baum der Pflege seines eleganten Schirmes widmen, seine langen, paarigen Nadeln ausbilden und innerhalb von drei Jahren große runde Zapfen produzieren. Die Pinie ist robust, bevorzugt karge Böden und kennt keine Parasiten. Da ihr ausgedehntes Wurzelnest der Erosion entgegenwirkt und strauchartigen Bewuchs hemmt, spielt die Pinie eine wichtige Rolle im Kampf gegen Waldbrände. Die Pinie benötigt zur Verbreitung meist die Hilfe des

Die Ernte der *piñones*

Um 1870 beschrieb der amerikanische Naturalist John Muir die Pinienkernernte der Paiutesindianer am Monosee (Kalifornien): »Sobald die Zeit der Ernte gekommen ist, richten die Indianer lange Stangen zum Abschlagen der Zapfen her. Dann tragen sie Körbe, Matten und Stoffsäcke zusammen. Die Frauen, die bei den Kolonisten für verschiedene Haushaltsarbeiten zuständig sind, lassen alles stehen und liegen und versammeln sich an der Hütte ihrer Familie; die Männer, jung und alt, stellen die Vieh- und Feldarbeit ein. Auf ihren Ponys machen sich nun alle auf den Weg zum Pinienwald, ein bunter, bizarrer Aufzug von Reitern. Tücher in flammenden Farben und buntscheckige Röcke flattern munter über die Rücken der kräftigen Tiere, auf denen manchmal zwei Squaws gleichzeitig sitzen, ihre winzigen eingewickelten Babys in Körben verstaut, die sie auf dem Rücken tragen. An beiden Seiten der Pferde baumeln Körbe und Wasserkrüge, während die langen Stangen in alle Richtungen zeigen. Schließlich erreichen sie einen Ort, der für sein frisches saftiges Gras und sein klares Trinkwasser bekannt ist. Dort beginnt der Anstieg auf die Hügel, auf denen die Bäume schwer beladen mit Früchten wachsen, die Squaws mit ihren Körben und die Männer mit ihren Stangen voreweg und die Kinder hintendrein. Unter großem Jubel schlagen sie die Zapfen ab, die in alle Richtungen durcheinander fliegen, die Hänge hinabrollen, sich mal hier mal dorthin an einen Fels oder einen Salbeibusch flüchten und flink und mit lautem Freudengeschrei von Frauen und Kindern eingesammelt werden. Schon bald werden Feuer entfacht, um die Pinienzapfen zu rösten. Am Abend versammeln sich alle jubelnd um die Feuer, um das erste Pinienkernfest des Jahres zu feiern.«

Menschen. In Gebirgsregionen helfen nussknackende Vögel nach, indem sie die Samen als Nahrungsvorrat einlagern. Die Pinie wird mit bis zu 150 Jahren nicht besonders alt, was erklärt, warum es keine dickstämmigen Arten gibt. Nach 15 Jahren beginnt die Ertragsphase, die im Alter von 50 Jahren ihren Höhepunkt erreicht.

Eine weitere europäische Kiefernart, die ebenfalls essbare Samen produziert, ist die Zirbelkiefer *(Pinus cembra),* auch Zirbe oder Arve genannt. Im Gegensatz zur Pinie, deren Holz in der Tischlerei kaum von Nutzen ist, wird das rötliche, würzig duftende Holz dieser Hochgebirgsbaumart sehr geschätzt und ihr Harz zur Herstellung von Lacken und Polituren verwendet. Die Kerne der Zirbelkiefer sind in alpinen Ländern als Nahrungsmittel von regionaler Bedeutung, besonders in den Karpaten und in der Schweiz, wo das Fällen der Bäume verboten ist. In Ostasien werden große Mengen der begehrten Kerne aus der *Pinus koraiensis* oder Koreakiefer gewonnen, einem dichten, grünen Baum, der in Korea, Nordchina und besonders in der Mandschurei stark verbreitet ist. Auch in Japan existieren einige Bestände. Weiter im Westen, in Pakistan und Nordindien werden die langen, schlanken Samen der Chigolza-Pinie oder Trockenkiefer *(Pinus gerardiana)* kommerziell gewonnen, während die kleinen Kerne der in Zentralasien (östliches Russland, Sibirien, Xinjiang, Kasachstan) verbreiteten Sibirischen Zeder *(Pinus sibirica)* ein Speiseöl liefert. Auf dem amerikanischen Kontinent, vor allem im Südwesten der Vereinigten Staaten und in Mexiko, ist die größte Zahl der Kiefernarten zu Hause. Die Pinie ist das Emblem der Staaten New-Mexico und Nevada, ist aber auch in Arizona und Utah verbreitet. Nicht weniger als 14 Arten sind dort beheimatet. In Mexiko werden die geschälten Pinienkerne lose auf den Märkten verkauft.

Obwohl in Europa unbekannt, müssen auch die Riesenpinienkerne erwähnt werden. Die größten Pinienkerne der Welt (etwa vier Zentimeter lang und zwei Zentimeter breit) stammen von unterschiedlichen Arten der Araukarie *(Araucaria araucana;* Chilenische Schmucktanne, Andentanne). In tropischen Gegenden sind die Kerne des Baumes ein beliebter Leckerbissen der Affen. Doch jedes Mal, wenn sich einer von ihnen daran versucht, bleibt er auf den stacheligen Ästen stecken. Daher auch der Beiname des Baumes: »Verzweiflung der Affen«. In der australischen Provinz Queensland wächst die *Araucaria bidwillii,* die riesige, bis zu zehn Kilogramm schwere weibliche Zapfen produziert, deren Kerne überdimensionalen Pinienkernen gleichen. Sie spielen in der Ernährung der Aborigines eine wichtige Rolle. In gleicher Weise nutzten indianische Volksstämme die Früchte der *Araucaria araucana* im argentinischen und chilenischen Hochland und die Kerne der *Araucaria angustfolia* im Süden Brasiliens. In den Regionalsprachen werden die Kerne schlicht *piñones* oder *pinhões* genannt. Je nach Größe und Nähwert werden sie gekocht, zu Mehl verarbeitet, geröstet oder auch gebraten. Sie halten sich jedoch nicht lange und sind daher für den Export ungeeignet.

Lebensraum und Anbau

Die im Handel grundsätzlich geschält angebotenen Pinienkerne stammen von zwei Baumarten: Ware aus dem Mittelmeerraum stammt von der Pinie oder Schirmkiefer, Pinienkerne asiatischen Ursprungs von der Koreakiefer. Erstere erkennt man an der gleichmäßigen, länglichen Form, die an ein großes, sehr glattes Reiskorn erinnert. Sie sind cremefarben, zart im Biss und sehr fettreich. Ihr milder Geschmack verrät einen leicht harzigen Unterton. Dies sind die teuersten Pinienkerne, die sich etwas länger halten als andere Sorten. Im Längsschnitt erkennt man den gut ausgebildeten winzigen Keim mit dem Sprössling und den zwei Nadeln im Anfangsstadium. Pinienkerne aus Asien haben ein stärker ausgeprägtes Harzaroma. Tragen sie den Vermerk »Importiert aus China«, so stammen sie von der *Pinus koraiensis.* Sie sind gräulich weiß, leicht schimmernd und haben eine dreieckige Form. Sie sind etwas knackiger und weniger süß als die Verwandten vom Mittelmeer. An ihrer Spitze ist der Keim deutlich sichtbar, wie ein winziges Käppchen, das den Kern beschirmt.

Die meisten Kerne der Mittelmeerpinie werden im Nahen Osten und in Italien geerntet. In Italien gibt es seit Jahrhunderten, in manchen Gegenden sogar seit der Antike, ausgedehnte Pinienwälder zur Gewinnung der begehrten Kerne. Diese heute geschützten Wälder werden noch immer kommerziell genutzt. Die Ernte erfolgt vom Herbst bis in den Winter. Dazu muss man entweder in die Krone hinaufsteigen oder die reifen Zapfen mit langen Stangen abschlagen. Am Mittelmeer werden sie bis zum Sommer eingelagert und anschließend auf riesigen Flächen ausgebreitet, damit die Hitze die Schuppen lockert und die Samen freilegt. In Zentralasien und im Südwesten der USA behilft man sich mit der Hitze des Feuers. Das Schälen der Kerne aus ihrer harten Schale geschieht teilweise maschinell, in den meisten Fällen aber noch per Hand. Dazu ist ein ganzes Heer von Helfern erforderlich: Für ein Kilogramm geschälte Pinienkerne werden sieben Kilogramm Zapfen benötigt. Die ertragreichsten Pinienwälder liefern 1 200 bis 1 400 Kilogramm Pinienkerne pro Hektar und Jahr. Während die meisten asiatischen Völker, allen voran die Koreaner, die ganzen Kerne schätzen, dienen sie in der Mandschurei und in Sibirien hauptsächlich der Gewinnung des Öls, das dort als Delikatesse gilt. Bis zur Oktoberrevolution 1917 machte Pinienkernöl dort ein Zehntel der Handelsaktivitäten aus. Der größte Teil des sibirischen Öls wurde nach Frankreich exportiert. Heute beläuft sich der Anteil der Pinienkerne der *Pinus pinea* auf 68 % des gesamten Handelsaufkommens. Ein großer Teil des Exports geht nach Amerika, wo die Produktion der *piñones* im Südwesten der USA und in Mexiko den nationalen Bedarf nicht deckt. Pinienkernöl aus leicht gerösteten Samen wird aus asiatischen Pinienkernen der Koreakiefer gewonnen. Haupterzeuger und größtes Exportland ist China, auf dessen Territorium die meisten Vertreter der Gattung *Pinus koraiensis* wachsen. Man findet sie aber ebenso in Russland und Sibirien, wo es eine rege lokale Nachfrage gibt.

Therapeutische Wirkungen und Anwendungen

In der westlichen Welt wenig beachtet, haben japanische Forscher eine ganze Reihe wohltuender Wirkungen nachgewiesen und damit uralte Erkenntnisse asiatischer Pharmakologen und Ernährungswissenschaftler bestätigt. So wurden Pinienkerne vor allem zur Behandlung von Husten, chronischer Bronchitis, Tuberkulose, Asthma und Geschwüren eingesetzt. Außerdem zählen sie zu den eiweißreichsten und nahrhaftesten ölhaltigen Samen. Sie sind bei gleichem Gewicht noch kalorienreicher als Butter. Ihr hoher Gehalt an Phosphor, Vitamin B1 und Eisen fördern die geistigen Funktionen. In Form ihres Öls haben sie allerdings den größten gesundheitlichen Wert. Das Öl enthält nur 9 % gesättigte Fettsäuren und 60 % mehrfach ungesättigte Fettsäuren, hauptsächlich Linolsäure.

Die Pinienkerne des Ferrán Adria

In den Anfangszeiten seines Restaurants El Bulli in Rosa (Katalonien) servierte Küchenchef Ferrán Adria ein federleichtes Parmesaneis, umgeben von einer Steinpilzsauce. Die Kreation war in Form eines kleinen Nestes angerichtet, in dem eine großzügige Menge länglicher, cremefarbener Samen ruhte, die man für Reiskörner hätte halten können. In Wirklichkeit waren es sehr junge, unreife Pinienkerne aus den noch grünen Zapfen. Sie stammten aus dem nahe gelegenen Pinienwald, und es dauerte nicht weniger als vier Stunden, um die Kerne für eine einzige Portion zu schälen. Kein Wunder, dass dieses Gericht schon bald von der Karte verschwand. Inzwischen findet man es nur noch in den Annalen der gastronomischen Ausschweifungen.

Aroma und Geschmack

Der erste Eindruck von Pinienkernöl ist seine Milde. Es ist leicht, weich, etwas süßlich, mit einem sehr ausgeprägten Geschmack von frischem Brot und Hefe. Da die Kerne vor dem Pressen nur schwach geröstet werden, ist der Röstgeschmack, der sich unmittelbar nach der Süße einstellt, zurückhaltend und flüchtig. An seine Stelle tritt ein pflanzliches Aroma, das nach und nach das Harz der Pinie erkennen lässt, jedoch voller Weichheit und ohne den typischen Anklang von Terpentin. Dieser harzige Eindruck breitet sich mit erstaunlicher Nachhaltigkeit schließlich im ganzen Mund aus. Je länger er anhält, desto mehr erinnert er an den frischen Saft des Baumes, mit einer leicht metallischen Nuance.

Pinienkerne und ihr Öl kulinarisch

Die kleinen, cremefarbenen Kerne kennen zahllose Verwendungen in der Küche, von den köstlichen spanischen, provenzalischen und italienischen Süßspeisen und Backwaren über die in der griechischen und türkischen Küche beliebten Füllungen und Farcen bis zu den Pilaws des Orients. Der französische *pignolat* aus dem Mittelalter, eine süße Paste aus Pinienkernen, Mandeln und Pistazien mit – natürlich – aphrodisischer Wirkung, ist der wahre Urahne des Nougat. In Mexiko sind die *piñones* ein wichtiger Bestandteil in Saucen und Süßspeisen. Pinienkerne asiatischer Herkunft haben einen angenehm harzigen Geschmack, der in jedem Fall einen Versuch lohnt. In der koreanischen Küche sind sie allgegenwärtig und verleihen ganz oder gemahlen den meisten Desserts und vielen anderen köstlichen Speisen Konsistenz sowie Aroma und fließen sogar in die Herstellung eines speziellen Salzes. In Nepal wird das aus der Chigolza-Pinie gewonnene Öl für Currys verwendet. Trotz seiner Milde ist Pinienkernöl nicht für alle Zwecke geeignet. So hält sein delikates Aroma dominanten Zutaten und Gewürzen nicht Stand. Der leichte Röstgeschmack verleiht ihm zwar etwas Rückgrat, doch sollte man es mit Umsicht einsetzen. Es hält aber auch Überraschungen bereit. Mit Avocado oder Ziegenkäse kombiniert, schmeckt es einfach himmlisch. Sein Aroma ist von einer frischen, zarten Jugendlichkeit, der man respektvoll begegnen muss, damit es seine ganz individuelle Persönlichkeit entfalten kann. Es verträgt sich beispielsweise besser mit Zitronensaft als mit kräftigem Essig. In der Fischküche harmoniert es am besten mit den Süßwassersorten (Zander, Hecht).

Carpaccio von Bresaola mit Parmesan, gerösteten Pinienkernen und Rucola

Für 4 Personen
Vor- und Zubereitung 15 Minuten

50 g Parmesan • 1 EL Pinienkerne • 1 TL Anissamen • 2 Hände voll Rucola • 1 EL würzig-süßes Olivenöl • Salzblüte • Pfeffer aus der Mühle • 12 Scheiben Bauernbrot • 1 Knoblauchzehe • 20 dünne Scheiben *bresaola* (ersatzweise Bündnerfleisch) • Saft von 1 grünen Zitrone • 4 EL Pinienkernöl

🔸 Den Parmesan hobeln. Die Pinienkerne mit den Anissamen in einer beschichteten Pfanne ohne Fett etwa 3 Minuten rösten. Den Rucola waschen, trockenschütteln und mit dem Olivenöl, etwas Salzblüte und Pfeffer aus der Mühle würzen.
🔸 Das Bauernbrot toasten und mit der Knoblauchzehe einreiben. Die getrockneten Rindfleischscheiben nebeneinander auf Tellern ausbreiten und mit dem Zitronensaft und dem Pinienkernöl beträufeln. Mit den Parmesanhobeln, den Anissamen und den Pinienkernen garnieren. Etwas Rucolasalat darauf anrichten und mit dem getoasteten Bauernbrot servieren.

🔸Tipp

Bresaola ist luftgetrocknetes Rinderfilet, das in Italien gern als Vorspeise gegessen wird. Sie finden es in italienischen Feinkostgeschäften. Ersatzweise können Sie auch Bündnerfleisch oder anderes luftgetrocknetes Rindfleisch nehmen.

Spaghetti mit Pesto aus Rucola, Kresse, Pinienkernöl und Pecorino

Für 4 Personen
Vorbereitung 15 Minuten
Garzeit etwa 15 Minuten

1 gute Hand voll Rucola • 1 gute Hand voll Gartenkresse •
4 Knoblauchzehen • 50 g trockener Pecorino • 1 TL grobes
Meersalz • 5 EL Pinienkernöl • 3 EL fruchtig-herbes Olivenöl •
Pfeffer aus der Mühle • 500 g Spaghetti

♦ Den Rucola waschen und trockenschütteln. Die harten Blattrippen entfernen. Die Kresse abschneiden, waschen und trockenschütteln. Die Knoblauchzehen abziehen und die Keimlinge entfernen. Den Pecorino reiben. Knoblauch mit dem groben Salz in einem Mörser zu einer Paste zermahlen. Den Rucola und die Kresse zugeben und mit dem Stößel weiter zermahlen, bis eine feine grüne Paste entstanden ist. Etwas von dem Pinienkernöl und dem Pecorino zugeben und die Paste weiter bearbeiten. Unter ständigem Weitermahlen nach und nach das restliche Pinienkernöl und das Olivenöl einarbeiten, wie etwa bei einer Mayonnaise. Pesto mit Pfeffer abschmecken und kalt stellen.

♦ Salzwasser in einem großen Topf zum Kochen bringen und die Spaghetti bissfest (al dente) garen. Die Nudeln abgießen, kurz abtropfen lassen und mit dem Pesto vermengen. Sofort servieren.

🌢 Tipp

Leicht erwärmt können Sie das Pesto auch zu Fisch oder über gegrilltem Gemüse servieren. Das Pesto hält sich im Kühlschrank etwa 15 Tage. Sie können es aber auch portionsweise einfrieren. Ideal dazu ist ein Eiswürfelbehälter. Die meisten gehackten und in Olivenöl eingelegten Kräuter lassen sich gut einfrieren, so zum Beispiel Basilikum.

Erdbeeren und Kirschen, sautiert in Pinienkernöl

Für 4 Personen
Vorbereitung 10 Minuten
Garzeit 5 Minuten

1 Vanilleschote • 100 ml Pinienkernöl • 500 g Erdbeeren • 300 g Kirschen (eventuell gelbe und rote gemischt) • 3 EL Pinienkerne • 2 EL Puderzucker • 2 EL brauner Zucker • 400 g Quark

Die Vanilleschote der Länge nach aufschlitzen, das Mark mit einer Messerspitze herauskratzen und mit dem Pinienkernöl vermengen. Die Früchte kurz waschen und entstielen; die Erdbeeren halbieren, die Kirschen entsteinen.

Die Pinienkerne grob hacken und in einer beschichteten Pfanne ohne Fett 3 Minuten rösten. Zwischendurch den Puderzucker einstreuen und karamellisieren lassen. Den Krokant in der Pfanne erkalten lassen, anschließend in Stücke zerteilen und beiseite stellen.

Das Pinienkernöl mit dem Vanillemark in derselben Pfanne erhitzen. Sobald es schön heiß ist, die Früchte hineingeben, mit dem brauen Zucker bestreuen und rasch sautieren. Die sautierten Früchte mit einem großzügigen Löffel Quark und etwas Pinienkernkrokant anrichten und sofort servieren.

 Tipp

Die beste Vanille wird auf den Inseln Réunion und Madagaskar angebaut. Wählen Sie möglichst fleischige, glänzende und weiche Schoten, und stecken Sie eine zuvor gespaltene Schote in einen Topf mit braunem Zucker. Letzterer nimmt ein himmlisches Aroma an.

Nehmen Sie möglichst feste Erdbeeren; sie vertragen die Hitze besser. Walderdbeeren sind zwar sehr aromatisch, aber zu empfindlich für dieses Rezept.

Öle, Öle, Öle ...

Neben den in den zurückliegenden Kapiteln sehr ausführlich beschriebenen Speiseölen gibt es natürlich noch eine Menge weiterer Öle. Haben Sie Mut, und probieren Sie in Ihrer Küche auch einmal weniger bekannte Öle aus. Sie werden kulinarische Überraschungen erleben! Einige Öle eignen sich zudem als Körperöl und spenden dabei mehr Feuchtigkeit, als so manche teure Hautcreme. Entdecken Sie die Vielfalt der Öle!

In der folgenden Übersicht sind einige in diesem Buch nicht behandelte Öle beschrieben. Manche sind zur rein äußerlichen Anwendung, andere ausschließlich als Speiseöle geeignet, und einige lassen sich für beide Zwecke verwenden.

Aprikosenkernöl

Dieses aus den Steinen von Aprikosen extrahierte Öl galt in der Kosmetik lange Zeit als universell einsetzbares Mittel. Populär wurde es in den 1930er Jahren durch amerikanische Verfechter der Naturkost. Als ihr Vorbild galten die Bewohner des Hunzatals in Pakistan, die angeblich dank ihrer »gesunden und natürlichen« Ernährung erstaunlich langlebig und selten krank seien. Man stellte bei diesem Volk einen großen Verbrauch von Aprikosen fest, besonders in Form des Öls, das sie als Nahrungsmittel und zur Pflege der Haut verwendeten. Wenn es um die allgemeine Gesundheit der Hunzakut auch ganz anders bestellt war, so galt Aprikosenkernöl weiter als ein wertvolles Mittel, das sogar in der Kardiologie eingesetzt wurde. Seine Inhaltsstoffe und Heilkräfte ähneln denen des Süßmandelöls; es ist reich an ungesättigten Fettsäuren und ein wirksames Mittel gegen glanzlose, müde Haut.

Verwendung: Speiseöl, Körperöl für Kosmetik und Gesundheit.

Wirkung: gegen Faltenbildung und vorzeitige Hautalterung, schützt die Haut und unterstützt den Hautaufbau, wundheilend, belebend, reizlindernd.

Avocadoöl

Das grüne, etwas dickflüssige Öl, das durch Auspressen des reifen Avocadofleisches gewonnen wird, ist reich an Ölsäure und den Vitaminen A, D und E. Da es sehr verträglich auf Haut und Haare wirkt, ist es häufig Bestandteil von Sonnenölen oder -cremes. Es fördert die Wundheilung und wirkt daher Sklerodermien (chronischen Entzündungen der Haut) entgegen.

Verwendung: Körperöl für Kosmetik und Gesundheit.

Wirkung: gegen Faltenbildung, wundheilend, regenerierend, Feuchtigkeit spendend, fördert den Hautaufbau, schützend.

Borretschöl

Das aus den Samen der Borretschpflanze gewonnene Öl ist die reichste bekannte Quelle an Gamma-Linolensäure. Man empfiehlt es (häufig in Verbindung mit Nachtkerzenöl) bei trockener und empfindlicher Haut sowie zur Behandlung von Ekzemen, Allergien und Entzündungen. In die Brust eingerieben, hilft es bei Asthmaanfällen und stressbedingten Beschwerden.

Verwendung: Körperöl für Kosmetik und Gesundheit.

Wirkung: Feuchtigkeit spendend, gegen Faltenbildung, schützend, regenerierend, belebend, wirkt gegen vorzeitige Hautalterung.

Distelöl

Die ursprünglich aus Ägypten stammende Saflorpflanze, auch Färberdistel genannt, deren Narben manchmal als Safranersatz angeboten werden, liefert ein sehr aromatisches unraffiniertes Öl, das vor allem in Nordamerika wegen seines hohen Anteils an Ölsäure und Linolsäure geschätzt wird. Es hat einen hohen Rauchpunkt und ist daher gut zum Braten und Frittieren geeignet. Es bleibt auch bei Kälte flüssig, ist jedoch arm an Vitamin E. In Farben und Lacken wird es als Sikkativ eingesetzt (Erklärung unter Leinöl, siehe Seite 178).

Verwendung: Speiseöl, Farben und Lacke (Sikkativ).

Wirkung: leicht antibakteriell, cholesterinsenkend.

Hanföl

Das aus den Samen des *Cannabis sativa* gewonnene grüne Öl ist bekannt für sein besonders ausgewogenes Verhältnis von Omega-3- und Omega-6-Fettsäuren sowie für seinen hohen Anteil an Gamma-Linolensäure. Es gewinnt als Speiseöl zunehmend an Bedeutung, sollte aber nicht erhitzt werden. Keine Sorge, es enthält keine berauschenden Substanzen!

Verwendung: Speiseöl.

Wirkung: cholesterinsenkend, reizlindernd, gegen vorzeitige Hautalterung, antioxidativ, Feuchtigkeit spendend, beruhigend.

Jojobaöl

Jojobaöl wird aus dem wächsernen Harz des Jojobastrauchs *(Simmondsia chinensis)* gewonnen, das meist in anderen Ölen verflüssigt wird. In der Kosmetik ist es als besonders reizarm bekannt. Es regeneriert und kräftigt die Haut und wirkt schmerzlindernd bei Verbrennungen. Es wird als

Babyöl empfohlen und kräftigt sowohl fettige als auch trockene Haare. Zudem gilt es als äußerst wirksames Mittel gegen Akne.

Verwendung: Körperöl für Kosmetik und Gesundheit.

Wirkung: reizlindernd, regenerierend, wundheilend, Feuchtigkeit spendend.

Wie wendet man Körperöle an?

Massagen

Am besten ist es natürlich, Sie lassen sich massieren oder massieren sich gegenseitig. Geben Sie etwas Öl in die Handflächen, und streichen Sie es abwechselnd zunächst vom Herzen weg in die Gliedmaßen ein und anschließend in umgekehrte Richtung zum Herzen hin. Wenn Sie den Rücken, die Brust oder andere Rumpfpartien einreiben, massieren Sie grundsätzlich vom Herzen weg, niemals umgekehrt. Regelmäßiges Einreiben mit etwas Öl macht Körperpartien, die besonders im Sommer leicht austrocknen, wie Ellenbogen und Füße, weich und geschmeidig.

Gesicht

Tragen Sie auf Kinn, Wangen, Nase, Stirn jeweils einen Tropfen Öl auf, und verteilen Sie es durch sanftes Klopfen und kleine kreisförmige, möglichst von unten nach oben geführte Bewegungen über das gesamte Gesicht. Zieht das Öl zu schnell ein, den Vorgang einfach wiederholen! Meiden Sie die Lider und die Augenhöhlen.

Haare, Fingernägel, Wimpern, Augenbrauen

Mehrmals pro Woche etwas Öl auf die Haare auftragen und sorgfältig einreiben. Eine halbe Stunde einwirken lassen und anschließend die Haare waschen. Sheabutter (Karitébutter) können Sie bei sehr sparsamer und regelmäßiger Anwendung auch im Haar belassen. Machen Sie gelegentlich eine Haarpackung: Das Öl sanft in die Kopfhaut einmassieren, den Kopf mit einem warmen, feuchten Handtuch einwickeln und einige Stunden (besser noch über Nacht) einwirken lassen. Anschließend die Haare waschen. Bei Wimpern und Augenbrauen mit einem Wattestäbchen eine ganz geringe Menge Öl auftragen. Bei brüchigen, spröden Fingernägeln etwas Öl in die Nagelbasis einmassieren.

Karottenöl

Karottenöl wird durch Mazeration des Möhrenfleisches in einem neutralen Basisöl gewonnen und ist besonders wegen seines hohen Gehalts an Provitamin A von Bedeutung. Es wirkt reizlindernd und unterstützt die Hautbräunung.

Verwendung: Kosmetik.

Wirkung: Feuchtigkeit spendend, glättend, reizarme After-Sun-Pflege und Schutz vor UV-Strahlung.

Kokosöl und Monoi-Tiaré-Öl

Kokosöl oder Kopraöl ist reich an gesättigten Fettsäuren und ein guter Feuchtigkeitsspender für extrem trockene und empfindliche Haut. Zudem verleiht es glänzendes Haar. Monoi-Öl stammt aus Polynesien und wird aus Kokosöl hergestellt. Es ist zwar überall im Handel erhältlich, doch muss man schon an den Pazifik reisen, um das nach uraltem Rezept gewonnene Original zu bekommen. Es wird durch Mazeration hergestellt. Dabei wird das Kokosfleisch zunächst fein gerieben und mit dem Parfüm der Tiaré-Pflanze (*Gardenia tahitensis*) verknetet. Dann fügt man eine »geheime« Zutat, die Schwanzdrüse eines riesigen Einsiedlerkrebses, hinzu, um die wohltuenden Wirkungen des Monoi-Öls zu aktivieren.

Verwendung: Körperöl für Kosmetik und Gesundheit, Speiseöl.

Wirkung: Feuchtigkeit spendend, reizlindernd, fördert den Hautaufbau, beruhigend, schützt Haut und Haare. Das Monoi-Öl besitzt die Wirkungen der Tiaré-Pflanze: Neben seinen kosmetischen Eigenschaften schützt es vor UV-Strahlung, wirkt lindernd bei Hautirritationen und Insektenstichen.

Kürbiskernöl

Das dunkelgrün schimmernde Kürbiskernöl wird aus den Kernen von Ölkürbissen gewonnen. Sie werden zuvor zum Teil geschält, oft geröstet und danach kalt gepresst. Diese Spezialität aus der Steiermark (Österreich) ist inzwischen wegen ihres delikaten, nussigen Geschmacks, aber auch wegen ihrer gesundheitlichen Vorzüge bei Feinschmeckern sehr beliebt. Mehr als 50 % der Fettsäuren sind mehrfach ungesättigt. Aber Vorsicht: Nur Kürbiskernöl mit der Beschriftung »g.g.A.« ist 100 % rein und stammt aus der Steiermark. Flaschen mit der Beschriftung »Salatöl« enthalten häufig mit Billigölen gestreckte Kürbiskernöle. In der Küche sollte Kürbiskernöl immer nur kalt verwendet werden, so bleiben die wertvollen Inhaltsstoffe erhalten. Kürbiskernöl hat heilende Wirkung bei Blasen- und Prostatabeschwerden, Muskelkrämpfen, erhöhtem Blutdruck, Bandscheibenleiden und Bettnässen bei Kindern.

Verwendung: Speiseöl, Körper- und Massageöl.

Wirkung: reizlindernd, kräftigend, gegen Würmer, beruhigend, remineralisierend, magen- und darmschonend, gegen Blutdrang (Hyperämie), schützt die Nieren, entschlackt den Verdauungsapparat.

Leinöl

Das aus den Lein- oder auch Flachssamen extrahierte Öl ist vor allem durch seine vielseitige Verwendung in der Malerei als Verdünnungsmittel, Bindemittel und Trockenmittel (Sikkativ) bekannt. Mit 75 % hat es von allen Speiseölen den höchsten Anteil mehrfach ungesättigter Fettsäuren (davon 60 % Alpha-Linolensäure). Da diese an der Luft schnell oxidieren, unterstützt das Öl das Aushärten von Farben. Obwohl als Speiseöl nicht von sehr großer Bedeutung, ist es wegen seines hohen Anteils an essenziellen Fettsäuren, vor allem Omega-3-Säuren, und an Phytöstrogenen ein gutes Mittel bei endokrinen Störungen der Frau und bei durch die Wechseljahre bedingten Beschwerden. Als Speiseöl kann es auch im Rahmen eines Diätplans verwendet werden. Da es nicht hitzebeständig ist, sollte es ausschließlich kalt Verwendung finden.

Verwendung: Farben und Lacke (Sikkativ), Speiseöl (im Rahmen einer Diät).

Wirkung: reizlindernd, Feuchtigkeit spendend, cholesterinsenkend, remineralisierend, fördert die Drüsenfunktionen.

Macadamianussöl

Dieses Öl wird aus den Früchten des in Australien und im pazifischen Raum beheimateten Macadamiabaums gewonnen. Der rund 20 Meter hohe Baum produziert Trauben von etwa einem Dutzend runder Nüsse mit sehr harter Schale. Ihr buttriger Geschmack ist sehr beliebt. Das helle, klare Öl aus erster Pressung enthält 80 % einfach ungesättigte Fettsäuren. Seine Zusammensetzung ähnelt sehr der des Talgs der menschlichen Haut. Nach dem Sonnenbad wirkt es kühlend und wohltuend und beugt dank seines hohen Anteils an Palmitoleinsäure der Zelloxidation vor (Palmitoleinsäure ist eine in pflanzlichen Ölen seltene Säure, die häufig in Fischtran vorkommt). Da es schnell in Haut und Haare einzieht, wird es für Haarpackungen und Tagescremes verwendet. Es hat ein köstliches, vollmundiges und leicht süßliches Aroma und gewinnt auch als Speiseöl langsam an Bedeutung.

Verwendung: Speiseöl, Körper- und Massageöl.

Wirkung: stärkend, antioxidativ, cholesterinsenkend, reizlindernd, Feuchtigkeit spendend, beruhigend, schützt und pflegt die Haut (Sonnenbrand, spröde Haut, Schwangerschaftsstreifen).

Mohnöl

Mohnöl wird durch Auspressen der reifen und gereinigten Mohnsamen gewonnen. Es ist meist hellgelb, hat einen angenehmen Geruch und ist zart, nussig und aromatisch im Geschmack. Mohnöl ist reich an Linol- und Ölsäure und zählt deshalb zu den cholesterinsenkenden Speiseölen. In der Pharmazie findet Mohnöl hauptsächlich Verwendung in Salben und Emulsionen, weil das Öl leicht in die Haut eindringt. In der Kunstmalerei werden damit helle Farben hergestellt, denn Ölfarben auf der Basis von Mohnöl vergilben kaum.

Verwendung: Speiseöl, Kosmetik, Farben.

Wirkung: reizlindernd, Feuchtigkeit spendend, cholesterinsenkend.

Nachtkerzenöl

Dieses Öl wird aus den Samen der aus Amerika stammenden *Oenothera*, einer Pflanze mit großen gelben Blüten, gewonnen. Es ist reich an Gamma-Linolensäure, eignet sich zur Pflege der Haare und Fingernägel und beugt Hautalterung vor. Es wird häufig zusammen mit Borretschöl verwendet.

Verwendung: Körperöl für Kosmetik.

Wirkung: beugt der Hautalterung vor, reizlindernd, kräftigend, belebend, schützend.

Paranussöl

Die Paranuss stammt von dem gleichnamigen hohen Baum (*Bertholletia excelsa*), der in den tropischen Regenwäldern Südamerikas beheimatet ist. Im Geschmack erinnert die weißliche Nuss an die Kokosnuss. Ihr Öl enthält 70 % ungesättigte Fettsäuren, davon 41 % Linolsäure. Es wird vor allem wegen seines hohen Anteils an Selen geschätzt, ein Spurenelement, das als eines der besten Antioxidanzien gilt. Drei bis vier Paranüsse decken den täglichen Bedarf des Menschen an Selen.

Verwendung: Speiseöl, Körperöl für Kosmetik und Gesundheit.

Wirkung: reizlindernd, Feuchtigkeit spendend, antiallergisch, zieht schnell ein, sorgt für einen schönen Teint, macht die Haut sanft und geschmeidig, haarwuchsfördernd.

Rizinusöl

Seit dieses leicht bittere Öl zum traditionellen Abführmittel vieler wehrloser Kinder wurde, hat es zumindest in unserer Gegend seinen Ruf verspielt. In Indien gilt es dagegen als Kosmetiköl und Basisöl für ayurvedische Ölbäder. Es wird jedoch auch als leichtes Abführmittel sowie als Massageöl eingesetzt. Es wirkt gegen sprödes, glanzloses Haar und fördert das Wachstum von Fingernägeln, Wimpern und Augenbrauen.

Verwendung: Kosmetik, besonders Haare und Fingernägel.

Wirkung: kräftigend, wundheilend, reizlindernd, reinigend, adstringierend, belebend, nutritiv, abführend.

Rotes Palmöl

Dieses aus Afrika und Brasilien stammende Öl ist reich an gesättigten Fettsäuren und verfestigt sich bereits bei Zimmertemperatur. Es ist eher ein streichfähiges Fett als ein Öl und wird hauptsächlich in Schwarzafrika und Nordbrasilien als Bratfett eingesetzt, aber auch als Würzmittel mit seinem nussig-, muskatähnlichen Aroma geschätzt. In unseren Breiten hat es keinen besonders guten Ruf, dabei ist sein ernährungsphysiologischer Wert nicht zu verachten: Es ist die pflanzliche Substanz mit dem höchsten bekannten Gehalt an Provitamin A (Betakarotin; 90 Milligramm pro 100 Gramm) und sollte darum auch hierzulande häufiger zum Verzehr empfohlen werden.

Verwendung: Speiseöl, für religiöse Riten (es dient als Trankopfer und für heilige Speisen in den animistischen Kulten Brasiliens und im Golf von Guinea), therapeutisch (antiparasitär), Körperöl für Kosmetik und Gesundheit.

Wirkung: Feuchtigkeit spendend, vitalisierend, nutritiv, schützend, antibakteriell, wundheilend.

Senföl

In Bengalen verleiht das Öl des Schwarzen Senfs (*Brassica nigra*) Currys und Fischgerichten ein würzig-pikantes Aroma. Es wird zum Garen, Würzen und zum Einlegen von Gemüse, aber auch für Heilmassagen verwendet und ist nicht mit Rapsöl zu verwechseln, das aus einer ähnlichen Pflanze gewonnen wird. In Europa findet man es in indischen Lebensmittelgeschäften; in einigen Ländern, wie zum Beispiel der Schweiz, ist sein Verkauf jedoch verboten. Es lässt sich für Umschläge bei Erkältungen, Hexenschuss oder rheumatischen Beschwerden verwenden.

Verwendung: Speiseöl, Körperöl für Kosmetik und Gesundheit.

Wirkung: stärkend, wärmend, reinigend, wundheilend, ableitend (stimuliert den Abtransport überschüssiger Flüssigkeit).

Sheabutter (Karitébutter)

Der Sheabutterbaum (*Butyrospermum parkii*) gehört zur Familie der Seifenbaumgewächse (*Sapotazeen*). Die seit Jahrtausenden aus den Nüssen dieses Savannengewächses gewonnene Butter ist der am meisten geschätzte Kosmetikartikel der Afrikaner. Sie ist ein wahres Wundermittel für Haut und Haare und wird auch als Speisefett verwendet. Die Samen werden zunächst zermahlen und mit heißem Wasser vermengt. Beim Auskühlen setzt sich dann die Butter an der Oberfläche ab. In naturreinem Zustand ist Sheabutter eine weißlich gelbe Masse mit kräftigem Geruch. Vor dem Auftragen auf Haut oder Haare lässt man sie zwischen den Handinnenflächen schmelzen. Sheabutter enthält Phytosterole, die Vitamine A, D, E, essenzielle Fettsäuren und nicht verseifbare Lipide.

Verwendung: Körperöl für Kosmetik und Gesundheit, Speiseöl (in Afrika).

Wirkung: strafft das Gewebe, Feuchtigkeit spendend, regenerierend, wundheilend, schmerzlindernd, entzündungshemmend.

Sojaöl

Das sehr verbreitete raffinierte Sojaöl ist vor allem zum Frittieren und Braten geeignet; es ist jedoch relativ schwer und hat den Nachteil, zu trocknen und einen klebrigen Film zu hinterlassen. Das kaltgepresste Jungfernöl ist reich an Vitamin E (31 Milligramm pro 100 Gramm), vor allem aber an Lezithin, ein für das Gehirn und Nervensystem wichtiges Element. Es empfiehlt sich, nach Sojaöl aus biologischem Anbau zu suchen, so vermeidet man häufig gestrecktes Öl und auch Öl aus genverändertem Material.

Verwendung: Speiseöl, Körperöl für Kosmetik.

Wirkung: stärkend, wärmend, kräftigend und beruhigend für die Haut, lässt sich mit anderen Ölen mischen.

Sonnenblumenöl

Nicht raffiniertes Sonnenblumenöl ist reich an essenziellen Fettsäuren sowie an den Vitaminen E und F. Es gibt auch einige Sorten mit sehr hohem Ölsäureanteil (75 bis 90 %), die in nicht raffinierter Form ein sehr hitzebeständiges Öl liefern. Sonnenblumenöl zieht schnell in die Haut ein und hinterlässt keinen Fettfilm.

Verwendung: hauptsächlich als Speiseöl, aber auch in der Kosmetik und Körperpflege (Grundlage für Massageöle).

Wirkung: reizlindernd, kräftigend, Feuchtigkeit spendend.

Traubenkernöl

Das aus den Kernen von Weintrauben gepresste Öl hat eine schöne, klare grüne Farbe und ein mildes, leicht adstringierendes Aroma. Es ist einer der reichsten natürlichen Lieferanten von Linolsäure. Man sollte vorzugsweise zu unraffiniertem Öl aus biologischem Anbau greifen. Die handelsüblichen Traubenkernöle werden häufig mit Lösungsmitteln extrahiert. Hochwertiges Traubenkernöl ist hervorragend zum Frittieren, Braten und Würzen geeignet und hat den Vorteil, dass es auch bei niedrigen Temperaturen nicht fest wird. Daher eignet es sich sehr gut für Würzöle und Salatsaucen, die gekühlt werden müssen. Zudem lässt es sich ausgezeichnet zum Verschneiden mit sehr kräftigen Ölen, wie zum Beispiel Walnuss- und Haselnussöl, verwenden.

Verwendung: Speiseöl, Körperöl für Kosmetik.

Wirkung: Wegen seiner Milde ist es eines der besten Trägeröle für die Herstellung kosmetischer Produkte und aromatherapeutischer Mischungen; adstringierend (und daher gut für fette Hauttypen geeignet), erfrischend, anregend, entspannend und energiefördernd (bei Massagen).

Weizenkeimöl

Weizenkeimöl ist schon lange für seinen hohen Vitamin-E-Gehalt bekannt (er ist zehnmal höher als bei anderen Speiseölen), aber auch ein guter Lieferant essenzieller Fettsäuren. Es unterstützt die Funktion von Muskeln und Drüsen und fördert die Heilung von Schuppenflechten und Ekzemen, glättet Falten und rissige Haut. In Verbindung mit Süßmandelöl ist es ein hervorragendes Naturkosmetikmittel.

Verwendung: Körperöl für Kosmetik und Gesundheit, Speiseöl.

Wirkung: erfrischend, regenerierend, nutritiv, Feuchtigkeit spendend, reizlindernd, sorgt für frischen Teint.

Wildrosenöl

Dieses aus der südamerikanischen Wildrose (*Rosa rubiginosa*) gewonnene Öl ist sehr reich an essenziellen Fettsäuren. Seine kosmetischen Qualitäten wurden häufig als außergewöhnlich beschrieben, besonders in der Gesichtspflege und im Kampf gegen die Faltenbildung. Es sorgt für Elastizität und hält die Haut geschmeidig. Man setzt es auch bei Verbrennungen, gegen Quetschungen, Schrunden und Schwangerschaftsstreifen ein. Nicht anwenden sollte man es bei verstärkter Neigung zu Akne (Jojobaöl ist hier eine geeignete Alternative).

Verwendung: Körperöl für Kosmetik und Gesundheit.

Wirkung: gegen Faltenbildung, kräftigend, Feuchtigkeit spendend, entzündungshemmend, wundheilend, regenerierend.

Die richtigen Partner für Vinaigrette & Co.

Für den richtigen Umgang mit Speiseölen ist die Wahl eines geeigneten Säuerungsmittels ganz besonders wichtig. Bei bestimmten Speisen – Suppen, Fleisch, Fisch – wird das Öl häufig pur zugegeben, doch für eine ganze Reihe von Salaten, gemischt, roh oder gegart, sollte man unbedingt etwas Übung im nicht ganz einfachen Umgang mit Essig und anderen Säurespendern haben, da sonst die geschmacklichen Qualitäten des Öls verloren gehen. Nicht jede Säure verträgt sich mit jedem Öl und umgekehrt. Einige Öle kommen auch sehr gut ohne Säure aus oder vertragen gar keinen Essig, wie das Arganöl. Und schließlich steuern bestimmte Zutaten, wie beispielsweise Tomaten, bereits die nötige Säure bei.

Hier eine kurze Übersicht der gängigsten Säuerungsmittel und ihrer Verbindungsmöglichkeiten: Dabei handelt es sich nicht um verbindliche Regeln, sondern um Vorschläge und Anregungen, die Sie nach Ihrem Geschmack variieren oder erweitern können. Die empfohlenen Kombinationen erscheinen in der Reihenfolge ihrer Eignung.

Limone

Sie enthält weniger Säure als die gelbe Zitrone, hat einen einzigartigen, frischen Duft mit Anklängen von Kokosnuss und ist sowohl als Gewürz wie als Säurespender einsetzbar. Trotz ihres exotischen Anstrichs ist der Saft der Frucht einfacher und vielseitiger einsetzbar als Saft der gelben Zitrone.

Geeignete Kombinationen

Sesamöl, Erdnussöl, Süßmandelöl, Pistazienöl, Pinienkernöl, Pekannussöl, Rapsöl, Olivenöl.

Zitrone

Zitronensaft ist nicht das universelle Würzmittel, für das man ihn gemeinhin hält. Einige Zutaten, wie Tomaten, Milchprodukte und rote Früchte, vertragen ihn gar nicht. In zu großen Mengen zugegeben, kann Zitronensaft eine Speise regelrecht erschlagen und das Fleisch von Fisch und Meeresfrüchten zu sehr festigen. Zitronensaft ist Bestandteil traditioneller Saucen und Marinaden, wie der griechischen *avgolemono* (Zitronensaft mit Olivenöl verschlagen) oder der *chermoula* aus Marokko, in der er ausschließlich Arganöl duldet.

Geeignete Kombinationen

Olivenöl, Pistazienöl, Pinienkernöl, Süßmandelöl, Traubenkernöl, Arganöl (in kleinen Mengen).

Zitrusfruchtsäfte

Besonders bei feinen und empfindlichen Ölen sollte man statt zur notorischen Zitrone lieber zu anderen Zitrusfrüchten greifen. Der weniger aggressive Saft von Orangen, Mandarinen oder Pampelmusen bekommt diesen Ölen meist besser. Tipp: Experimentieren Sie mit verschiedenen Zitrusfrüchten. Verwenden Sie für eine Vinaigrette neben dem Saft auch etwas frisch abgeriebene Schale der Frucht.

Andere Zitrusfrüchte

Sie sind besonders attraktiv wegen ihrer aromatischen Frische und milden Säure, die sie vor allem für empfindliche Zutaten geeignet machen. Sie harmonieren ganz wunderbar mit gegrilltem Fleisch und Fisch.

Geeignete Kombinationen

Orange und Klementine: Olivenöl, Arganöl, Süßmandelöl, Pekannussöl, Haselnussöl.
Pampelmusen: wie oben, zusätzlich Pistazienöl und Walnussöl.
Mandarine: Olivenöl, Arganöl, Süßmandelöl, Pekannussöl, Walnussöl, Erdnussöl, Haselnussöl.
Bergamotte und Pomeranze: Olivenöl, Pistazienöl, Pinienkernöl, Arganöl, Süßmandelöl.

Verschiedene Essigsorten

Balsamessig/Balsamico

Dieser berühmte Nektar wird nicht aus Wein, sondern aus dem unvergorenen Most von Trebbianotrauben hergestellt. Er stammt aus der Gegend um Modena in Italien und existiert mindestens schon seit dem Mittelalter. Traditioneller Balsamico ist schwarz, undurchsichtig und dickflüssig. Man kann ihn pur wie einen feinen Likör genießen und sogar als Medizin verwenden. Qualität und Preis hängen von der Reifezeit ab. Die Trauben werden sehr spät gelesen, damit die Zuckerkonzentration im Most möglichst hoch ist. Der Most wird dann aufgekocht und um 30 bis 70 % reduziert, bevor er in Holzfässern (Eiche, Kastanie, Kirsche, Esche, Maulbeerbaum) gereift wird. Von dieser heiklen Operation hängt die Qualität des auf Flaschen gezogenen Endprodukts ab. Das Etikett muss die Aufschrift *aceto balsamico tradizionale di Modena* tragen; der Begriff *tradizionale* bürgt für die Authentizität des Produktes. Das Angebot reicht von jungem Balsamico ohne den Zusatz *tradizionale*, für den alltäglichen Gebrauch bestimmt, bis zu sehr altem und erlesenem Balsamico (12, 30 oder sogar 50 Jahre im Fass gereift), den man nur tröpfchenweise verwendet.

Seit kurzem findet man auch weißen Balsamico im Handel. Er wird ebenfalls aus Traubenmost hergestellt, anschließend jedoch filtriert und nicht im Fass gereift. Mit seinem geringen Anteil von 6 % Essigsäure kann er zwar mit traditionellem Balsamico nicht mithalten (nach italienischem Lebensmittelrecht darf er sich gar nicht *aceto* nennen, sondern muss als *condimento balsamico bianco* deklariert werden), sein rundes, fruchtig-blumiges Aroma macht ihn aber zu einem beachtenswerten Ersatz, allerdings ohne die Farbe und Fülle des großen Bruders zu erreichen.

Geeignete Kombinationen

Traditioneller Balsamico: Olivenöl, Pistazienöl, Haselnussöl, Erdnussöl, Süßmandelöl, Pekannussöl.

Weißer Balsamico: siehe oben, zusätzlich Pinienkernöl.

Beide lassen sich – ein Tropfen, nicht mehr – mit Arganöl kombinieren.

Banyuls-Essig

Weiterer Glanzpunkt unter den Essigsorten: bernsteinfarbener Rotweinessig aus dem französischen Roussillon. Durch seine Holzfasslagerung ist er noch runder im Geschmack als Sherry-Essig. Sein fruchtig-süßes Aroma ist unvergleichlich.

Geeignete Kombinationen

Olivenöl, Walnussöl, Süßmandelöl, Pekannussöl.

Cidreessig

Dieser große Favorit der Biokostanhänger erfordert etwas Umsicht, denn sein ausgesprochen fruchtiger Geschmack passt nicht zu allen Speisen. Die besseren Sorten stammen aus biologischem Anbau.

Geeignete Kombinationen

Haselnussöl, Rapsöl, Süßmandelöl, Pekannussöl.

Malzessig

Dieser besonders in England beliebte Essig wird aus Gerstenmalz hergestellt. Er ist sehr würzig und leicht bitter. Man sollte ihn mit Bedacht und sparsam verwenden. Er eignet sich gut für Marinaden und leicht süßliche Speisen.

Geeignete Kombinationen

Rapsöl, Erdnussöl, Walnussöl, Haselnussöl.

Sherry-Essig

Sherry-Essig gehört zur absoluten Creme der Weinessigsorten, doch schwanken Geschmack und Qualität von Marke zu Marke erheblich. Guter Sherry-Essig ist sehr säurereich und besitzt das typische fruchtig-holzige, oxidierte und leicht karamellartige Aroma des Sherrys. Süße und Säure harmonieren in außergewöhnlicher Weise.

Geeignete Kombinationen

Olivenöl, Walnussöl, Süßmandelöl, Pekannussöl, Haselnussöl.

Weinessig

Die Auswahl an Essigsorten ist denkbar groß, von Weißwein- und Rotweinessig, hergestellt nach dem traditionellen Orléans-Verfahren, über die mit Kräutern aromatisierten Varianten bis zu den aus Weinresten selbst gemachten Essigsorten, deren Qualität natürlich vom Wein abhängt, den man trinkt. Egal ob hausgemacht oder gekauft, nur ein guter Wein kann auch einen guten Weinessig hervorbringen. Eine besonders delikate Entdeckung sind die aus großen Weinen (Rioja, Muskat, Banyuls, Sherry etc.) hergestellten Essige, die ein außergewöhnliches Bouquet haben.

Geeignete Kombinationen

Reiner Weinessig: Olivenöl, Rapsöl, Haselnussöl, Pekannussöl, Süßmandelöl (letzteres vorzugsweise mit Weißweinessig).

Rioja-Essig: Olivenöl, Walnussöl.

Muskat-Süßweinessig *(Vinaigre de muscat doux)*: Süßmandelöl, Haselnussöl, Arganöl (sparsam verwenden), Pinienkernöl.

Aromatisierte Essigsorten

Knoblauch oder Schalotten: Rapsöl, Olivenöl, Walnussöl, Pekannussöl, Erdnussöl, Süßmandelöl.

Zitrone: Olivenöl, Pinienkernöl, Pistazienöl, Erdnussöl, Süßmandelöl.

Estragon: Rapsöl, Traubenkernöl.

Himbeere: Pistazienöl, Pekannussöl, Süßmandelöl, Walnussöl.

Chili: Olivenöl, Erdnussöl, Sesamöl, Süßmandelöl, Pinienkernöl.

Thymian: Olivenöl, Süßmandelöl, Pinienkernöl.

Schwarze Trüffel: Walnussöl oder geschmacksneutrales Öl; zur Not liefern auch fruchtig-herbes Olivenöl, Pinienkernöl und sogar Haselnussöl oder Rapsöl achtbare Ergebnisse.

Asiatische Essigsorten

Es gibt eine ganze Reihe chinesischer Essigsorten auf Reis- oder Sorghobasis im Handel. In Asialäden wird ein einfacher, heller bis bernsteinfarbener chinesischer Essig angeboten, der im Geschmack an milden Malzessig erinnert. Der gereifte, konzentrierte Essig aus fermentiertem Reis oder Sorgho hat einen vollmundigen, würzigen Rauchgeschmack. Einige regionale Sorten sind von bemerkenswerter Qualität. Erhältlich ist auch der schwarze Essig, eher eine Würzsauce, die etwas an Balsamico erinnert. Die bekanntesten Marken sind »Chinkiang-Essig« (dunkelbraune Flasche mit gelbem Etikett) aus Sorgho, »Yongchun Loagu« aus Glutenreis und der »Tientsin«, ein leichter Sorgho-Essig. Wie Balsamico wird der chinesische schwarze Essig nicht nur für Salate, sondern auch zum Würzen von warmen Speisen verwendet.

Japanischer Reisessig ist dünnflüssig, klar und hellgrün. Er dient zum Würzen von Sushireis und säuerlichen japanischen Vorspeisen. Sein milder Geschmack macht ihn weit über die japanische Küche hinaus zu einer attraktiven Alternative.

Japanische Pflaumensauce (*plum sauce*), eine süßsäuerliche und scharfe Würzsauce, ist kein Essig im eigentlichen Sinne. Die unter dem Namen »ume-su« angebotene, sehr schmackhafte Sauce wird aus kleinen grünen Pflaumen hergestellt, die zunächst gesalzen und dann mit Shisoblättern (*Perilla*, eine Verwandte der Sesampflanze) fermentiert werden. Die an ihrer rosa Farbe leicht erkennbare Sauce ist zugleich frisch, säuerlich, adstringierend und salzig. Sie macht weiteres Salzen überflüssig.

Geeignete Kombinationen

Chinesischer Reisessig: Sesamöl, Erdnussöl, Rapsöl, Walnussöl.

Schwarzer chinesischer Essig: siehe oben.

Japanischer Reisessig: siehe oben (außer Walnussöl), zusätzlich Pinienkernöl.

Japanische Pflaumensauce: Sesamöl, Erdnussöl, Süßmandelöl, Pinienkernöl. Da diese Würzsauce sehr kräftig ist, bietet sich auch ein geschmacksneutrales Öl an.

Honigessig

Dieser Essig wird nach einem uralten Rezept durch Fermentierung von reinem Honig und Wasser hergestellt und ist nicht mit Weißweinessig zu verwechseln, der mit Honig versetzt wird. Er hat den süßlich-milden Geschmack des Ausgangprodukts und harmoniert besonders gut mit süßsauren Speisen (Früchte, Desserts, *Foie gras* etc.).

Geeignete Kombinationen

Walnussöl, Pinienkernöl, Pistazienöl, Süßmandelöl, Haselnussöl, Pekannussöl, Rapsöl und Arganöl (tropfenweise).

Melfor

Die im Jahre 1922 im elsässischen Mülhausen nach einem Geheimrezept entwickelte Würzsauce auf der Basis von Alkoholessig, Honig und einem Kräuterauszug darf sich nicht »Essig« nennen, da sie weniger als 6 % Essigsäure enthält. Lange Zeit war Melfor selbst in Frankreich nur in den Regionen seiner Herkunft, im Osten des Landes, erhält-

lich, doch füllt er zunehmend die Regale von Feinkostgeschäften. In der elsässischen Küche ist sein mildes, honigartiges Kräuteraroma nicht wegzudenken. Verwendet wird Melfor wie herkömmlicher Essig sowie zum Abrunden von warmen und süßsauren Speisen. Am besten verträgt er sich mit Rapsöl.

Geeignete Kombinationen

Rapsöl, neutrales Öl, Walnussöl, Süßmandelöl, Pekannussöl, Haselnussöl, Traubenkernöl.

Verjus

Dieser saure Traubensaft aus unreifen Weintrauben (man kann ihn auch aus den reifen Trauben einer besonderen säurereichen Rebsorte gewinnen) war im Mittelalter in Frankreich ein hochgeschätztes Würzmittel. Im Südwesten des Landes (Périgord) war er noch viel länger in Mode, und noch heute verwendet man ihn häufig zum Verdünnen von Senf. Anfang des 20. Jahrhunderts fiel der Verjus in Ungnade, mittlerweile findet man ihn aber wieder häufiger. Verwendet wird er wie Essig; sein Vorteil gegenüber Letzterem ist, dass er dank seiner milden, ausgewogeneren Säure den Weingenuss nicht trübt. In Deutschland ist Verjus zum Teil auch unter dem Namen Krätzer bekannt.

Geeignete Kombinationen

Traubenkernöl, Walnussöl, Pistazienöl, Olivenöl, Rapsöl, Süßmandelöl.

Öle und Gesundheit – essenzielle Fettsäuren

Der Wert der Speiseöle für die menschliche Ernährung ist seit Urzeiten bekannt, doch gerade in jüngerer Zeit rückt er noch stärker ins allgemeine Bewusstsein. Dies ist auf drei Faktoren zurückzuführen: neue Erkenntnisse der Ernährungswissenschaft, das wachsende Qualitätsbewusstsein der Verbraucher, die vermehrt hochwertige Produkte fordern, und schließlich das steigende Interesse an fremdländischen Küchen, das auch bislang weniger bekannte Öle in das Blickfeld rückt.

Naturreine Öle prägen zunehmend das Angebot an Speisefetten, und die Ernährungsexperten werden nicht müde, ihre Vorzüge zu preisen. Vorreiter dieser Entwicklung war das Olivenöl, das anderen hochwertigen Ölen lange Zeit den Rang ablief. Seit einigen Jahren gewinnen aber auch die Konkurrenten an Popularität, und figurbewusste Gourmands und Gourmets wenden sich mehr und mehr diesen wundertätigen Zutaten zu. Der Beifall der Gastronomie ist ihnen sicher.

Was ist Öl?

Alle Pflanzensamen lagern in irgendeiner Weise Energie ein, damit die Jungpflanze im Frühjahr austreiben und wachsen kann. Diese Energie besteht in Form von Proteinen (wie bei den Hülsenfrüchten), häufiger aber in Form von Kohlenhydraten (wie bei Getreide) oder als Fett, das sich durch Auspressen der Samen extrahieren lässt. Das eingelagerte Fett enthält immer auch Aromastoffe, die dem Öl seinen typischen Charakter verleihen, sowie Vitamine, Mineralien und Spurenelemente. Den größten Anteil bilden aber die Lipide.

Pflanzenöl ist ein wasserunlösliches Fett, das hauptsächlich aus Lipiden, den so genannten Triglyzeriden besteht, die wiederum aus Glyzerin und Fettsäuren in unterschiedlichen Anteilen zusammengesetzt sind. Je nach ihrer molekularen Struktur können diese gesättigt oder ungesättigt sein. Bei den ungesättigten Fettsäuren unterscheidet man zwischen einfach und mehrfach ungesättigten Fettsäuren. Die chemische Zusammensetzung bestimmt die Eigenschaften des Öls, seine Reaktion auf Kälte oder Hitze, seinen Nährwert und seine Wirkung auf den menschlichen Organismus.

Gesättigte Fettsäuren

Je gesättigter eine Fettsäure, desto höher der Schmelzpunkt des Fettes. Fette mit einem hohen Anteil an gesättigten Fettsäuren, wie Kokosfett, Palmfett, Sheabutter, sowie tierische Fette verfestigen sich schon bei Zimmertemperatur. Daher spricht man bei ihnen eher von Fett oder Butter als von Öl. Diese chemisch stabilen Fette verflüssigen sich erst unter Hitzeeinwirkung. Sie sind sehr hitzebeständig und daher gut zum Braten und Frittieren geeignet; außerdem sind sie länger haltbar. Ihre geschlossene chemische Struktur verhindert jedoch, dass sie Verbindungen mit anderen Substanzen im Organismus eingehen können, was ihre Verarbeitung erschwert. Die Folge ist, dass sich Cholesterin im Blut anreichert. Die Aufnahme zu vieler gesättigter Fettsäuren ist also ungesund. In der industrialisierten Welt geschieht dies weniger durch die »sichtbaren« Fette wie Butter als durch den Verzehr von »versteckten« Fetten (zum Beispiel tierische Fette in Fleisch- und Wurstwaren). Es ist jedoch nicht allein eine Frage der Fette an sich, sondern auch einer ausgewogenen Ernährung insgesamt. In vielen Regionen der Dritten Welt werden beispielsweise große Mengen Pflanzenöl mit hohem Anteil an gesättigten Fettsäuren konsumiert – in West- und Äquatorialafrika zum Beispiel, wo rotes Palmöl das wichtigste Speisefett ist, oder in Asien, wo man hauptsächlich Kokosöl zum Braten und Frittieren verwendet –, doch wird dieser Überschuss durch eine insgesamt energieärmere und abwechslungsreiche Ernährungsweise kompensiert. Gesättigte Fette enthalten ebenfalls wertvolle Inhaltsstoffe und haben in Maßen durchaus ihre Berechtigung im Ernährungsplan.

Ungesättigte Fettsäuren

Öle mit hohem Anteil an ungesättigten Fettsäuren sind bei Zimmertemperatur flüssig und durchsichtig. Aufgrund ihrer offenen chemischen Struktur reagieren sie leicht mit anderen Molekülen, vor allem mit Cholesterin, mit dem sie eine neue, abbaubare Verbindung eingehen. Ihr Wert für die Ernährung ist also offensichtlich. Je nach chemischer Zusammensetzung unterscheidet man einfach oder mehrfach ungesättigte Fettsäuren. Bei ersteren überwiegt die Ölsäure (manchmal auch Oleinsäure genannt). Besonders hoch ist ihr Anteil in Olivenöl und Sonnenblumenöl wie auch in Haselnuss-, Raps-, Süßmandel-, Pistazien- und Pekannussöl. Zu den mehrfach ungesättigten Fettsäuren zählen die Linolsäure und die Alpha-Linolensäure. Da sie lebenswichtig sind und vom Organismus nicht selbst hergestellt werden können, nennt man sie auch essenzielle Fettsäuren. Für eine ausreichende Versorgung empfiehlt es sich, einen Vorrat verschiedener Öle anzulegen, die man abwechselnd verwendet. Wichtig ist jedoch nicht allein die Aufnahme genügender Mengen Linolsäure und Alpha-Linolensäure, sondern auch und vor allem ein ausgewogenes Verhältnis der Fettsäuren.

Linolsäure findet sich in bedeutenden Mengen in Walnuss-, Pinienkern-, Sesam-, Erdnuss-, Argan-, Sonnenblumen-, Maiskeim-, Traubenkern- und Distelöl.

Die seltenere und wertvolle Alpha-Linolensäure kommt hauptsächlich in Walnuss-, Soja- und Rapsöl vor. Täglich zwei Esslöffel Rapsöl versorgen den Menschen mit der nötigen Menge Alpha-Linolensäure (2 bis 2,5 Gramm pro Tag).

Die so genannten höherwertigen Omega-3- und Omega-6-Fettsäuren werden vom Organismus aus Alpha-Linolensäure und Linolsäure umgebaut. Sie spielen eine sehr wichtige Rolle bei der Bildung von Prostaglandinen, Gewebshormonen, die bestimmte Zellfunktionen und biochemische Prozesse steuern: Aufbau der Nervenzellen, Regulierung des Blutdrucks, Schutz der Gefäßwände, entzündungshemmende Wirkung etc.

Essenzielle Fettsäuren erfüllen eine ganze Reihe von Funktionen zum Schutz und Wiederaufbau des Organismus. Sie sind von lebenswichtiger Bedeutung für den Schutz, die Elastizität und den Wiederaufbau der Zellmembran und damit der Haut und unverzichtbar für den Zusammenhalt der Zellen. Ihre offene chemische Struktur verleiht ihnen zudem eine nicht zu verachtende cholesterinsenkende Wirkung.

Zahlreiche Faktoren des modernen Lebens (Stress, Umweltverschmutzung, schlechte Ernährungsgewohnheiten) beeinträchtigen den Austausch des Zellgewebes. Umso wichtiger ist eine ausgewogene und ausreichende Aufnahme des gesamten Spektrums ungesättigter Fettsäuren. Sie sollten dem Köper in möglichst einwandfreiem Zustand zugeführt werden. Daher sollte man vorzugsweise zu Speiseölen greifen, die durch mechanische Kaltpressung der Früchte und Samen gewonnen wurden und möglichst aus biologischem Anbau stammen.

Einfach ungesättigte Fettsäuren

Einfach ungesättigte Fettsäuren können vom Körper aus Glukose selbst hergestellt werden und gehören daher nicht zu den essenziellen Fettsäuren. Die bedeutendste, die Ölsäure, wird zu einer n-9 genannten Säuregruppe umgewandelt, die unter anderem für den Aufbau der Myelinscheide, eine die Nerven umgebende Isolierschicht, verantwortlich ist. Außerdem spielt sie bei der Regulierung des Fett- und Cholesterinstoffwechsels eine Rolle. Wie die mehrfach ungesättigten Fettsäuren haben auch einfach ungesättigte Fettsäuren die Fähigkeit, sich mit anderen Substanzen zu abbaubaren Verbindungen zu vereinen. Sie gelten als besonders gesund für die Herzgefäße, das Gehirn und das Nervensystem.

Die Hitzeverträglichkeit der Fette variiert je nach Anteil der verschiedenen Fettsäuren. Einfach ungesättigte Fette sind für sämtliche Garverfahren geeignet, vorausgesetzt man erhitzt sie nur bis maximal 180 °C. Fette mit hohem Anteil an ungesättigten Fettsäuren sind dagegen nur begrenzt hitzebeständig und sollten daher in erster Linie zum Würzen verwendet werden.

Öle und Vitamine

Pflanzenöle sind reich an Mineralien und Vitaminen und daher geeignete Lebensmittel, um die regelmäßige Zufuhr dieser lebenswichtigen Stoffe sicherzustellen. Die enthaltenen Vitamine sind fettlöslich. Neben dem Vitamin F, das unter seinem Namen Linolsäure bereits erwähnt wurde, enthalten Pflanzenöle hauptsächlich Vitamin E (*Tocopherol*), dessen antioxidativen Eigenschaften vor allem im Kampf gegen die unheilvolle Wirkung der so genannten freien Radikale bedeutsam ist. Daher nennt man es auch das Anti-Alterungsvitamin. Viele Öle enthalten auch andere bedeutsame Vitamine: Vitamin A (*Retinol*), wichtig für Augen, Wachstum und Fortpflanzung sowie für die Stärkung der Abwehrkräfte; die B-Gruppe, die für den Stoffwechsel von Gluciden, Lipiden und Protiden wichtig ist; Vitamin D, das die Bindung von Kalzium ermöglicht; und K, das eine wichtige Rolle beim Knochen- und Zahnaufbau sowie für die Blutgerinnung spielt.

Von der Frucht zum Öl – die hohe Kunst des Pressens

Speiseöl, das ist die Geschichte eines Herstellungsprozesses. Doch je komplizierter und aufwändiger das Verfahren, desto uninteressanter das Ergebnis. Naturreine Öle dagegen enthalten eine Vielzahl von Aromastofen und geben ihre wichtigen Inhaltsstoffe an den Menschen weiter.

Öle können interessante Geschichten erzählen. Ihr Geschmack und ihre Farbe verraten den Boden, der sie hervorgebracht hat, den Zustand der Früchte vor dem Auspressen, die Sorgfalt, mit der sie verarbeitet wurden. Das Aroma des Öls kann eine ganze Kultur heraufbeschwören: Was könnte besser den Süden versinnbildlichen als duftendes Olivenöl, das einstige Alltagsleben in der Dauphiné und der Auvergne greifbarer einfangen als das Aroma von Walnussöl? Die Geschichte der Öle wird von den Händen geschrieben, die sie erzeugen.

Die naturreinen Öle

Im Gegensatz zu raffinierten Ölen enthalten naturreine Öle eine Vielzahl von Aromastofen. Sie bewahren, bündeln und konzentrieren sogar den Geschmack oder Duft der Pflanze, die es hervorbringt. Damit dieser geschmackliche Reichtum erhalten bleibt, sollte man naturreine Öle nur langsam und mäßig erwärmen. Kalt verarbeitet kommen sie am besten zur Entfaltung. Warmen Speisen als Würzstoff zugegeben, verströmen sie ein besonders intensives Aroma.

Der Begriff »kaltgepresst« sorgt häufig für Missverständnisse, denn auch bei der Kaltpressung entstehen durch die Reibung der Früchte relativ hohe Temperaturen. Einige Ölmühlen versuchen die Qualität ihrer Olivenöle zu verbessern, indem sie den Olivenbrei während des Pressvorgangs künstlich herunterkühlen.

Ölhaltige Samen werden vor dem Pressen in der Regel geröstet. Das Rösten kräftigt das Aroma und macht das Öl stabiler. Zu starkes Rösten verleiht dem Öl jedoch einen bitteren Geschmack. Besondere Behutsamkeit verlangen Walnüsse, Pinienkerne und Pistazien. Da geröstete Ölsaaten bereits erhitzt wurden, ist ein Kühlen beim eigentlichen Pressvorgang nicht nötig. Dieser vollzieht sich gewöhnlich bei 50 bis 80 °C. Höhere Temperaturen steigern zwar die Ölausbeute, gehen aber zu Lasten der Qualität und des Geschmacks. Die traditionellen Ölmühlen sind neben ihrer eigenen kommerziellen Produktion vor allem für private Kleinerzeuger von lokaler Bedeutung. In Frankreich nutzen Kleinerzeuger in allen für die Speiseölgewinnung bedeutsamen Regionen – Provence, Languedoc für Oliven; Dauphiné, Périgord, Massif Central und Poitou für Walnüsse – die örtlichen Mühlen. Jeder wartet mit seinen Früchten, bis er an der Reihe ist, und nimmt schließlich gegen ein geringes Entgelt sein eigenes Öl in Empfang.

Nach dem Verlesen werden die Früchte zerkleinert und falls nötig geschält, wie bei Walnüssen, Haselnüssen, Mandeln, Argannüssen, Pinienkernen und in weniger aufwendiger Weise bei Pistazien und Erdnüssen. Diese Arbeit ist langwierig, mühselig und nimmt einen großen Teil der gesamten Verarbeitungszeit in Anspruch. Der Schälverlust kann erheblich sein: Die ausgelösten Nüsse entsprechen oftmals nur noch einem Siebtel des Rohgewichtes. Für einen Liter Walnussöl benötigt man beispielsweise fünf Kilogramm Walnüsse. Ein marokkanischer Ölmüller muss einen Tag lang arbeiten, um in seiner kleinen Mühle einen Liter Arganöl zu gewinnen; das erklärt den hohen Preis einiger Speiseöle.

Den meisten Schalenfrüchten ist gar nicht so einfach beizukommen. Walnüsse lassen sich noch relativ leicht knacken, doch muss man schon eine ganze Menge der Kerne auslösen, damit sich der Gang zur Ölmühle lohnt. Andere Nüsse sind noch widerspenstiger. Haselnüsse und Mandeln haben eine ausgesprochen harte Schale; die Spitzenreiter unter den hartgesottenen Nüssen sind jedoch die Pinienkerne, Macadamianüsse und Argannüsse. Wer schon einmal versucht hat, einen Pinienkern zwischen zwei Steinen zu knacken, ohne den feinen Samen darin zu zertrümmern, weiß ein Lied davon zu singen. Hält man sich vor Augen, wie oft dieser Vorgang für einen einzigen Liter Pinienkernöl wiederholt werden muss, begreift man, warum es so selten ist. Die halb geöffneten Pistazien- und zerbrechlichen Erdnussschalen stellen ein geringeres Hindernis dar. Dennoch müssen sie per Hand geschält werden, damit nur die wertvollen Kerne verarbeitet werden. Die ganz kleinen Samen, wie der Sesam und Raps, stellen das geringste Problem dar.

Nach dem Schälen müssen einige Samen noch von einer feinen Membran befreit werden. Besonders bei Sonnenblumen- und Kürbiskernöl könnte das dünne Häutchen zu geschmacklichen Einbußen führen. Anschließend werden die Samen verlesen, mittels Sieben oder anderer Verfahren von Verunreinigungen befreit und eventuell bei maximal 80 °C leicht geröstet. Dabei werden sie beständig gerüttelt oder umgewälzt, um eine gleichmäßige Röstung zu garantieren. Die Samen dürfen keinerlei Verbrennungen davontragen. Das Rösten betont und verbessert das sortentypische Aroma, ohne den natürlichen Geschmack der Samen zu beeinträchtigen. Viele Ölmüller sehen hierin den wichtigsten und schwierigsten Schritt der Ölherstellung und führen ihn daher manuell aus. Je nach gewünschtem Produkt werden manche Samen bereits vor dem Rösten zermahlen. Dies geschieht zum Beispiel bei bereits teilweise zerdrückten Samen. Nach dem Rösten werden die Samenkerne in kleinen Portionen von 18 bis 24 Kilogramm in oftmals uralten Steinmühlen zermahlen und anschließend langsam in kleinen Schneckenpressen (Fleischwolfprinzip) gepresst. Je nach Fruchtart sind zwei bis fünf Kilogramm Samenkerne erforderlich, um einen Liter Öl zu gewinnen.

Besonders bei naturreinem Öl aus Samen empfiehlt sich der Kauf von kleinen Flaschen, da das Öl leicht ranzig wird. In Flaschen abgefülltes Öl sollte kühl und dunkel gelagert werden. Auch beim Transport oder im Handel sollte man darauf achten, dass es keinen zu hohen Temperaturen oder gar der Sonne ausgesetzt ist.

Raffinierte Öle

Der Einsatz von Lösungsmitteln erlaubt eine Steigerung der Ölausbeute. Leider entstehen dabei unangenehme Bitterstoffe und giftige Begleitsubstanzen, die das Öl für den menschlichen Verzehr untauglich machen. Also müssen sie dem Öl durch ein weiteres Verfahren – die Raffination – wieder entzogen werden. Dem Öl sind neben den unerwünschten Begleitstoffen allerdings auch die wertvollen Vitamine und Geschmacksstoffe verloren gegangen. Es entsteht ein geschmacksneutrales Industriefett, das zumindest aber seine ursprüngliche Fettsäurestruktur bewahrt hat.

Raffinierte Öle sind vor allem in den westlichen Industrienationen verbreitet, zum einen, weil man dort gewöhnlich mildere Aromen bevorzugt, zum anderen, weil raffinierte Öle hitzebeständiger und länger haltbar sind. Man verwendet sie weniger wegen ihres Geschmacks, sondern wegen ihres Verhaltens bei Hitze und Kälte . Da ihr Anteil an ungesättigten Fettsäuren unverändert ist, sind sie auch ernährungsphysiologisch von Wert. Die gebräuchlichsten raffinierten Öle in Europa sind Erdnuss-, Sonnenblumen-, Maiskeim-, Soja- und Traubenkernöl. Hinzu kommt das zum Braten und Frittieren sehr gut geeignete gehärtete Kokosfett.

Reine Pflanzenmargarine wird durch Hydrogenierung des Öls (Härtung mit Hilfe von Wasserstoff) hergestellt. Im Gegensatz zu Butter ist rein pflanzliche Margarine (häufig aus Sonnenblumenöl hergestellt) frei von Cholesterin. Kulinarisch ist ihr die Butter jedoch weit überlegen. Angesichts der großen Auswahl an nicht minder attraktiven, schmackhaften und gesunden Speisefetten sollte man sich jedoch viel häufiger aus dem reichen Sortiment hochwertiger Speiseöle bedienen und nur gelegentlich oder für Zubereitungen zu Butter greifen, bei denen sie unersetzlich ist.

Die Raffination

Bei der Raffination wird das Öl chemisch gereinigt. Dies geschieht in insgesamt vier aufeinander folgenden Reinigungsschritten: die Entschleimung, die Entsäuerung, die Bleichung und die Desodorierung. Bei der Entschleimung werden durch Behandlung mit Phosphorsäure bei 90 °C Eiweiß- und Kohlenhydratverbindungen ausgeflockt, die das Öl trüben würden, und durch Filtern oder Zentrifugieren entfernt. Anschließend werden durch eine Lauge die freien Fettsäuren entfernt, die die Haltbarkeit des Öls beeinträchtigen würden. Die Bleichung erfolgt durch Zugabe von Bleicherde bei 90 °C. Die Desodorierung schließlich dient der Entfernung von unerwünschten Geruchs- und Geschmacksstoffen sowie von Pestizidrückständen. Sie erfolgt durch Behandlung mit Wasserdampf bei 240 °C im Vakuum. Nach dem Abkühlen (ebenfalls im Vakuum) ist das Öl fertig zur Abfüllung.

Güteklassen und ihre Bestimmung

Ein Schuss in die Vinaigrette, einige Tropfen in die Pfanne, um einen Fisch oder ein Steak zu braten, eine größere Menge in die Friteuse – ein raffiniertes Öl ist wie das andere. Die Angaben zu Anbau, Gewinnungsverfahren und Qualität sind bei vielen Speiseölen verwirrend und vielfach gar nicht einheitlich geregelt. Lediglich für Olivenöl gibt es klare, gesetzlich geregelte Qualitätsbezeichnungen. Hier einige Informationen zum besseren Verständnis der Etiketten.

Die Handelsklassen von Olivenöl werden nach dem Anteil der im Öl enthaltenen freien Fettsäuren eingeteilt. Dies wird als Ölsäure pro 100 Gramm angegeben. Grundsätzlich gilt, je niedriger der Säuregrad, desto besser das Öl. Die EU-Verordnung unterscheidet folgende Handelsklassen:

Natives Olivenöl extra: Dies ist die höchste Qualitätsstufe. Das Öl wird nach rein mechanischen Pressverfahren ohne Einsatz von Lösungsmitteln oder anderen chemischen Zusätzen gewonnen. Es darf maximal 0,8 % freie Fettsäuren enthalten. Der Säuregrad wird angegeben. Je niedriger die Temperatur beim Pressvorgang, desto hochwertiger das Öl. Für den Zusatz »erste Kaltpressung« bei nativen Ölen darf eine Temperatur von 27 °C nicht überschritten werden.

Natives Olivenöl: Ebenfalls ein Olivenöl von erster Qualität, das durch rein mechanische Verfahren extrahiert wird. Sein Gehalt an freien Fettsäuren darf höchstens 2 % (zwei Gramm je 100 Gramm) betragen.

Gewöhnliches natives Olivenöl: Maximal 3,3 % freie Fettsäuren.

Lampantöl: Natives Olivenöl mit geschmacklichen Fehlern oder einem Fettsäureanteil von mehr als 3,3 %.

Raffiniertes Olivenöl: Durch Raffination von nativem Olivenöl gewonnen.

Olivenöl: Ein Verschnitt aus nativem und raffiniertem Olivenöl. Der Anteil an freien Fettsäuren beträgt maximal 1 %.

Die Qualitätsstufen »Rohes Oliventresteröl«, »Raffiniertes Oliventresteröl« und »Oliventresteröl« spielen kaum eine Rolle. Sie werden durch Behandlung des Oliventresters mit Lösungsmitteln gewonnen.

Neben der chemisch-physikalischen Analyse ist für die Bestimmung der Güteklassen »nativ« auch die geschmackliche Prüfung (Organoleptik) von Bedeutung. Diese sensorische Analyse wird in so genannten Paneltests von professionellen Verkostern durchgeführt. Sie prüfen das Öl auf Fehl- und Positivattribute wie »bitter«, »scharf« oder »fruchtig«. Öl, das den Anforderungen nicht entspricht, muss raffiniert werden.

Die EU-Verordnung vom 13. Juni 2002

Qualitätsbewusste Verbraucher und Hersteller profitieren von immer detaillierteren und strikteren gesetzlichen Regelungen zur Qualität und Reinheit von Olivenöl. Die seit November 2003 verbindliche EU-Verordnung vom 13. Juni 2002 regelt unter anderem auch die Vermarktung von Olivenprodukten:

Das Etikett darf eine regionale Herkunft ausweisen, wenn das Öl aus kontrollierter Herkunft eines geografisch klar umrissenen Gebietes stammt (zum Beispiel, wenn es einer *Appellation d'origine contrôlée* angehört). Andernfalls muss sich das Etikett bei der Herkunftsbezeichnung auf die Nennung des Landes beschränken, in dem die Oliven geerntet oder das Öl ausgepresst wurde. Handelt es sich dabei um verschiedene Länder, muss dies auf dem Etikett angegeben werden.

Der Begriff »erste Kaltpressung« darf nur für native Olivenöle verwendet werden, die rein mechanisch in traditionellen hydraulischen Pressen bei maximal 27 °C extrahiert wurden.

Der Begriff »Kaltextraktion« wird für Öle verwendet, die durch Perkolation oder in modernen Zentrifugiersystemen bei höchstens 27 °C gewonnen wurden.

Rezeptregister

Index

Danksagung und Impressum

Sophie Brissaud möchte den folgenden Personen herzlich danken: Suyapa Audigier, Alexia Cassimatis, Serge Crettenand, Philippe Delacourcelle, Catherine Drevet, Gérard Guy, Valérie Lhomme, Françoise Marre-Fournier, Jacques und Laurent Pourcel, Guy Savoy, Vassilis Vassilikos, Mathieu Wehrung, Hans-Heinrich Wrede.

Valérie Lhomme möchte Christiane Perrochon sehr herzlich danken, deren herrliche Keramiken sie inspirierten, zu arbeiten und zu kochen; ebenso gilt ihr Dank Jeanine Cros, deren gefärbtes antikes Leinen geradezu dafür geschaffen scheint, mit den Keramiken in Szene gesetzt zu werden. Außerdem möchte sie Catherine von *Mille et une huiles* danken, ohne die dieses Buch niemals zustande gekommen wäre, der *Société Argania,* die ihr einige der wertvollen Argansamen zur Verfügung gestellt hat, und schließlich all den Köchen, die ihr freundlicherweise ihre geheimen Rezepte verraten haben.

Unser Verlagsprogramm finden Sie unter www.christian-verlag.de

Übersetzung aus dem Englischen: Helmut Ertl und Eleonore Baumann (S. 6-36)
Textredaktion: Michaela Röhrl, Germering
Korrektur: Christoph Taschner
Satz: Maren Gehrmann, Germering
Umschlaggestaltung: Katharina Franz, kikdesign

2. überarbeitete Auflage 2011
Copyright © 2004 der deutschsprachigen Erstausgabe mit dem Titel Die köstliche Vielfalt der Öle by Christian Verlag, München

Die Originalausgabe mit dem Titel Histoires d'huile wurde erstmals 2003 im Verlag Éditions SOLAR, Paris, veröffentlicht.

Copyright © 2003 für den Text: Sophie Brissaud
Copyright © 2003 für die Rezepte und Food-Styling: Valérie Lhomme
Copyright © 2003 für die Fotos: Akiko Ida
Copyright © 2003 für Layout und Design: Guylaine Moi, G&C Moi

Die Deutsche Nationalbibliothek verzeichnet diese Publikation in der Deutschen Nationalbibliografie; detaillierte bibliografische Daten sind im Internet über http://dnb.d-nb.de abrufbar.

Gesamtherstellung Verlagshaus GeraNova Bruckmann GmbH

Alle deutschsprachigen Rechte vorbehalten.
ISBN 978-3-86244-108-2

Alle Angaben in diesem Werk wurden von den Autorinnen sorgfältig recherchiert und auf den aktuellen Stand gebracht sowie vom Verlag geprüft. Für die Richtigkeit der Angaben kann jedoch keinerlei Haftung übernommen werden. Für Hinweise und Anregungen sind wir jederzeit dankbar. Bitte richten Sie diese an: Christian Verlag, Postfach 400209, 80702 München
E-Mail: lektorat@verlagshaus.de

Bezugsquellen in Deutschland

sortiert nach Postleitzahlen

Ölmühle Willy Weise's Erben

Bobritzschtalstraße 131
09627 Bobritzsch
Tel. 037325/6204
Fax 037325/92812
oelmuehle.bobritzsch@t-online.de

Elbmarsch-Ölmühle GmbH

Gingweg 4
21379 Echern
Tel. 04139/6969230
Fax 04139/6969231
www.elbmarsch-oelmuehle.de
Produktion@elbmarsch-oelmuehle.de

ArteFakt

Am Bogen 5
27412 Wilstedt
Tel. 04283/981317
Fax 04283/981319
www.artefakten.net
info@artefakt.eu

Barrique GmbH

Leineweberstraße 33
31191 Groß Lobke /Algermissen
Tel. 05126/9700
Fax 05126/97097
www.barrique.de
info@barrique.de

Jordan Olivenöl

Am Eichelkamp 85
40723 Hilden
Tel. 0212/1393813
www.jordanolivenoel.de
info@jordanolivenoel.de

Essig & Oel Basar Gummersbach

Am Steinberg 3
51643 Gummersbach
Tel. 02261/64804
www.essigbasar.de
post@essigbasar.de

Arganenoel.com

Gille Zapke
Am Tannenstumpf 71a
63303 Dreieich
www.arganenoel.com
info@arganenoel.info

Colonialwarenhandel »Altes Gewürzamt«

Hauptstraße 25a
63911 Klingberg
Tel. 09372/2650
www.altes-rentamt.de
info@altes-rentamt.de

Mogador

Am Heilbrunnen 47
72766 Reutlingen
Tel. 07121/486610
Fax 07121/486625
www.argan-oil.de
info@argavital.com

almasol Olivenöl

Seestraße 95
78479 Insel Reichenau
Tel. 07534/9959930
Fax 07534/9959931
www.almasol.de
info@almasol.de

Vincent Becker

Gewerbestraße 11
79285 Ebringen
Tel. 07664/97980
Fax 07664/979899
www.vincent-becker.de
info@vincent-becker.de

Essig & Oel Compagnie

Blumenstraße 1
80331 München
Tel. 089/260654
Fax 089/613638
www.essig-oel.de
bestellung@essig-oel.de

Protos Mediterrane Spezialitäten

Hofmannswaldaustraße 5a
81739 München
Tel. 089/66009272
Fax 089/602811
www.protos-he.de
info@protos-he.de